子ども臨床とカウンセリング

伊藤健次 編

執筆者紹介（五十音順）○は編者

家接哲次（名古屋経済大学短期大学部）……………第 6 章
石井正子（昭和女子大学）……………………………第13章
○伊藤健次（名古屋経済大学大学院）…………………第 5 章
江村理奈（長崎外国語大学）…………………………第 9 章
荻原はるみ（名古屋柳城短期大学）…………………第11章
小嶋玲子（桜花学園大学）……………………………第 4 章
佐藤秋子（國學院大學栃木短期大学）………………第10章
野中弘敏（山梨学院短期大学）………………………第12章
橋本景子（高田短期大学）……………………………第 3 章
松下浩之（鶴見大学短期大学部）……………………第 8 章
丸山真名美（至学館大学）……………………………第 2 章
武藤久枝（中部大学）…………………………………第 7 章
吉見摩耶（東筑紫短期大学）…………………………第 1 章

はじめに

　本書は、保育所・幼稚園で直接子どもたちの保育・教育を担う専門スタッフをおもに意識して執筆していただき、編集も行った。その際、さまざまな状況にある子どもたちとその保護者へ支援をするときに、必要となる心理学的援助の考え方、方法、技術をその専門スタッフにわかりやすく伝えることを念頭に作業を進めた。したがって、本書の書名も「子ども臨床とカウンセリング」とすることとした。

　言い旧されたことだが、少子化、核家族化、都市化、情報化や人間関係の希薄化などの進行は、地域社会や家庭の教育力を低下させてきている。その結果、「最近の子どもの育ちがおかしい」といわれるような状況をまねいている。保育・教育の専門スタッフは、このような状況に対応するという重要な役割と責任を担っているのである。勿論、これまでの幼児教育者たちがその役割や責任を果たしてこなかったというわけではないのであるが、これまでの対応がともすると偏った経験主義や独善に陥り、その結果子どもやその保護者との関係を損なったりする場合も少なくなかったといえる。就学前の子どもたちへの保育・教育は、この点でまだまだ変わっていかなければならない。

　本書が、これからの幼児教育を担う若者や学生たちの指針として、また、子どもやその保護者の支援に際しての指針として役立つことができることを願っている。

　最後になったが、本書の刊行にあたって執筆いただいた先生方、ご協力いただいた(株)みらい竹鼻均之社長、粘り強く編集にご協力いただいた同社企画編集一課の米山拓矢氏に厚く御礼申し上げる次第である。

2013年7月28日
編者　伊藤健次

●もくじ

はじめに

第1部　子どもを理解する

第1章　子どもを知る……………………………… 14

  1　発達の基本的な考え方　／14
    1── 発達とは何か －生涯発達の考え方－　／14
    2── 発達を規定する要因　／17
  2　発達段階と発達課題　／20
  3　さまざまな発達理論　／22

第2章　子どもの「いま」を知る……………… 29

  1　少子化の現状　／29
    1── 少子化とは？　／29
    2── きょうだいの有無　／30
  2　子育ての多様化　／31
    1── 首都圏と地方市部における子育て　／32
    2── 就学前の子どもが育つ場所の変化　／32
  3　社会状況の変化　／33
  4　子どもを取り巻く環境　／34
    1── 地域の特徴による子育て状況　／35
    2── 子どもの貧困　／36

第3章　子どもと親のかかわりを理解する……*38*

1　少子化と子育て不安　/38
- 1── はじめに　/38
- 2── 少子化のなかでの子育て・子育ち　/38
- 3── 家族との関係と影響　/41

2　社会状況の変化とこれからの子育て支援　/46
- 1── コミュニケーション不足と孤立　/46
- 2──「子育て」についての学びの場がないという現状　/46
- 3── 母親の精神的安定を図る　/47

第2部　子ども臨床の心理学的基礎理論

第4章　子どもと臨床的かかわり……………*50*

1　臨床　/50
- 1──「臨床」とは　/50
- 2── 臨床的かかわりの留意点　/51

2　臨床心理学　/55
- 1── 臨床心理学とは　/55
- 2── 臨床心理学的かかわりの基本　/57

3　子どもへの臨床心理学的介入　/59
- 1── 臨床心理学的介入　/59
- 2── 子どもへの臨床心理学的介入の留意点　/63
- 3── 同僚や専門機関との連携　/65

第5章　心理療法の基礎理論……………………… 67

1. 心理療法　/67
2. 精神分析理論　/68
    1── 精神分析理論の人間観　/68
    2── 精神分析的性格論　/68
3. 行動理論　/71
    1── パブロフ、ソーンダイクそしてワトソン　/71
    2── 新行動主義　/73
    3── その後の行動理論　/74
    4── 行動理論の人間観と性格論　/75
4. 自己理論　/76
    1── 自己理論の人間観　/76
    2── 自己理論からの性格論　/76

第6章　さまざまな心理療法……………………… 78

1. はじめに　/78
2. 精神分析療法　/78
3. クライエント中心療法　/80
4. 行動療法　/82
    1── レスポンデント条件づけ　/82
    2── オペラント条件づけ　/84
    3── 社会的学習理論　/84
5. 認知行動療法　/85
6. マインドフルネス認知療法　/89

7　子どもの心理療法　／93
　　1── 児童分析療法　／93
　　2── 遊戯療法　／93

8　最後に　／96

第7章　カウンセリングの基礎……………… 98

1　カウンセリングとは　／98
　　1── カウンセリングの定義を学ぶ意義　／98
　　2── カウンセリング、心理療法、ケースワーク　／100

2　カウンセリングの領域と対象および幼児期のカウンセリングの特色　／102
　　1── カウンセリングの領域と対象　／102
　　2── 幼児期のカウンセリングの特色　／102

3　カウンセリングの基本　／104
　　1── カウンセリングのはじまり －ラポールの形成－　／104
　　2── カウンセラーの基本的態度　／105
　　3── カウンセリングの契約と面接の構造　／108
　　4── カウンセリングの進め方　／110

4　カウンセリングの過程　／111
　　1── 傾聴　／111
　　2── 主な技法　／114
　　3── 開かれた質問と閉じられた質問　／115
　　4── 転移と逆転移　／118
　　5── カウンセリングの学習方法　／118

第8章　子ども臨床と心理アセスメント……… *121*

1　心理アセスメントとは　/121
1── 子どもを理解するために　/121
2── 心理アセスメントの目的と必要性　/122

2　心理アセスメントの方法　/123
1── 除外診断　/123
2── 面接によるアセスメント　/124
3── 心理検査を用いたアセスメント　/126
4── 行動観察によるアセスメント　/132

3　心理アセスメントの実際　/135
1── 心理アセスメントの結果の解釈　/135
2── 保育の計画への活用　/136

第9章　相談援助と子育て支援………………… *138*

1　家族へのカウンセリングアプローチと子育て支援　/138
1── 家族へのカウンセリングアプローチ　/138
2── 子育て支援　/142

2　専門機関との連携　/148
1── 保健所・保健センター　/148
2── 児童相談所　/148
3── 児童発達支援センター　/149
4── 特別支援学校　/149

第3部　子ども臨床の実際

第10章　ライフサイクルと子ども臨床……………154

1　生涯発達の視点と発達援助　／154
2　胎児期・乳児期・幼児期と心理的問題　／155
　1── 胎児期　／155
　2── 乳幼児期の身体・運動機能の発達　／157
　3── 乳幼児期の心の発達　／159
　4── 乳幼児期のコミュニケーション　／164
　・事例から考える　／167

3　児童期と心理的問題　／169
　1── 身体・運動機能の発達　／169
　2── 思考の特徴　／170
　3── 社会性の発達（仲間関係）　／170
　・事例から考える　／171

4　青年期と心理的問題　／174
　1── 青年期前期　／175
　2── 青年期後期　／178
　・事例から考える　／180

第11章　発達過程で生じる障害や問題行動と子ども臨床……………………………184

1　知的障害　／184
　1── 知的障害とは　／184

2 ── アメリカ知的・発達障害学会（AAIDD, 2010）の定義と分類　／184

　　3 ── 知的障害の原因　／187

　　4 ── 知的障害の子どもたちへの援助　／189

2　自閉症スペクトラム　／189

　　1 ── 自閉症スペクトラムとは　／189

　　2 ── 自閉症スペクトラムの原因と特徴　／190

　　3 ── 自閉症スペクトラムの子どもたちへの援助　／192

3　注意欠陥/多動性障害（AD/HD）　／194

　　1 ── 注意欠陥/多動性障害（AD/HD）とは　／194

　　2 ── 注意欠陥/多動性障害の子どもたちへの援助　／195

4　学習障害（LD）　／196

　　1 ── 学習障害とは　／196

　　2 ── 学習障害の子どもたちへの援助　／197

5　児童虐待　／198

第12章　コミュニティと子ども臨床……………　204

1　保育領域のサポート源　／204

　　1 ──「保育カウンセリング」を考える時に気をつけたいこと　／204

　　2 ── 保育現場での相談援助　／204

　　3 ── 事例：保育相談における「問題」のとらえなおし　／207

2　教育領域のサポート源　−教育臨床の場−　／208

　　1 ── 教育臨床とは　／208

　　2 ── 教育臨床の場　／210

　　3 ── 特別支援教育　−障害を抱えた子どもへの教育的サポート−　／213

3　福祉領域のサポート源　／215

1── 福祉領域における子ども臨床の場　/215
　　　2── 児童相談所・児童家庭支援センター　/216
　　　3── 社会的養護施設　/217
　　　4── 発達支援・子育て支援　/219
　4　**保健・医療領域のサポート源**　/220
　　　1── 保健・医療領域の相談・治療機関　/220
　　　2── 事例：コミュニティケアの実際　/221

第13章　子ども臨床と専門性……………………225
　1　**保育者に求められる専門性の多様化**　/225
　　　1── 保育開始の低年齢化とインクルージョンの進展　/225
　　　2── 少子化と子育て支援　/227
　2　**保育者の倫理と社会的責任**　/228
　　　1── 国家資格としての幼稚園教諭、保育士　/229
　　　2── 保育者の倫理　/230
　3　**保育者としての成長**　/233
　　　1── 保育者のライフステージ　/233
　　　2── コンサルテーションとケースカンファレンス　/235
　4　**ストレスとつきあう**　/236
　　　1── 子ども臨床に伴うストレス　/236
　　　2── バーンアウト　/236
　　　3── ストレスマネジメント　/238
　　　4── ソーシャルサポート　/240

索引　/242

第1部　子どもを理解する

第1章

子どもを知る

1 発達の基本的な考え方

1 ── 発達とは何か ―生涯発達の考え方―

1．発達とは何か

　「発達」という言葉から何をイメージするだろうか。一般的には、「身長が伸びる」「体重が増える」といった身体的な増大をイメージしやすい。あるいは、「できなかったことができるようになる」などの能力的な向上をイメージする人もいるだろう。また、「発達」というと、多くの人が右上がりで上昇的な量的変化としてとらえやすいが、発達には質的変化もある。たとえば、話をする時の文法構造やあることについて考え、答えを導き出す思考過程の構造の変化などは、明らかに目に見える量的な変化としてはとらえにくい。しかし、そこには質的な変容がある。つまり、「発達」とは増減で示すことのできる量的な変化だけでなく、単に量で示すことのできない質的な変化にも目を向ける必要があり、人間の生涯を通しての変化の過程として理解すべきものであるといえるだろう。

　このように、「発達」という言葉を聞いた時にイメージするものは人によって異なるため、発達の基本的な考え方として、まずは「発達」という言葉の共通の概念を示しておく必要がある。「発達」の定義は「受精の瞬間から死に至るまでの心身の構造や機能の変化の過程」とされており、このような考え方を専門的には「生涯発達」という。

2．なぜ発達について理解するのか

　人間の生涯にわたる発達において、乳幼児期の重要性は言うまでもなく、保育者として乳幼児期の発達的特徴を理解しておくことは必要不可欠である。「子どもとは何か」という意味内容を明らかにすることは、保育者としての発達観を深め、それが子どもへの保育のあり方に表れ、現場における保育の実践へとつながっていく。では「人間の発達」や「人間の成長」とはどういうことなのかということについて考える時、乳幼児の発達についてのみ理解を深めておけばいいのだろうか。むしろ、このような限定的な視点でとらえるよりも、人の一生を「誕生」から「死」に至るまでの全体的かつ連続的な視点のなかでとらえ、乳幼児以外の領域の発達的特徴についても理解を深めることが求められている。それによって「子どもとは何か」という子どもの発達に関する考察が深められるだけでなく、保育者として必要な子どもの発達理解にもつながっていくことになるだろう。

3．発達の原理

　発達には以下に示すようないくつかの原理がある。

① **方向性**

　発達には一定の方向性がある。人間の身体の運動発達は、「頭部から尾部、脚部へ」「中心部から抹消部へ」と進行する。前者は、首が座り、お座りができるようになった後、立って歩くようになるという方向性を示す。また、後者は、肩や腕を使ったおおまかな運動から、指先を使った細かい運動へと発達の方向性を示す。

② **順序性**

　発達には一定の順序性がある。たとえば、人の歩行の発達においては図1－1のように、乳児は寝ている状態からまず首が安定し、お座りができるようになると、ハイハイ、つかまり立ちと進み、ついには二足歩行ができるようになる。順序性については、人によって順序が異なったり、ある段階を飛び越して次の段階にいくというようなことはない。また、言葉の発達においては、「アーウー」「バーバー」といった喃語（なんご）から、やがて一語文、二語文、

生後2〜3か月ころ
頭と胸を少しあげる

生後4〜5か月ころ
首がすわる

生後6〜7か月ころ
寝返り

生後8〜9か月ころ
お座り

生後9か月ころ
つかまり立つ

生後14か月ころ
ひとり立ち

生後15か月ころ
ひとりで歩く

図1-1　移動運動の発達

出典：大江秀夫「平成2年度乳幼児身体発育調査結果について」『母子保健情報』24号　1991年　pp.12-23を参照して作成

多語文へというような順序性を示す。

③ 連続性

　発達には連続性がある。人間の発達は「受精から死に至るまで」の一生涯を全体的かつ連続的な視点でみる必要がある。それは、「子どもが大人に向かっていく上り坂の発達がある一方で、老いて生涯を閉じるまでの下り坂の発達を含め」[1]て、連続性をもった変化の過程を意味している。つまり、増大や上昇的な変化だけでなく、減少や下降的な変化も含めて人間の「発達」ととらえるのである。

④ 個人差

　発達には個人差がある。先に、発達の順序性について述べたが、ある一定の順序性があっても、同じ年齢の子どもがすべて同じ速度で発達的変化の過程をたどるわけではない。当然ながら個人差はある。個人差がよくみられるものの1つに言葉の発達がある。1歳で多くの言葉を獲得している子どももいれば、2歳、3歳になっても言葉数の少ない子どももいる。また、きょう

だいであってもそれぞれ発達の様相には個人差がみられる。

発達の個人差は、単に能力の優劣として決めつけられるものではない。子どもを取り巻く生活環境の違いや、個々の子どもの性質の違いによっても個人差は出てくる。大切なことは、このように発達の仕方がすべて同じではないということを理解したうえで、個々の子どもに応じた適切なかかわり方を考えていくことである。

この個人差には「個人間差」と「個人内差」とが含まれている。特に個人内差については、1人の同一個人の子どもがもっている特性を比べた場合に見られる差異のことである。たとえば、ある子どもは運動が得意で身体能力は年齢相応に発達しているが、言語表現は苦手で年齢以下の発達であるというように、同一個人のなかの得意・不得意としてとらえることができる。また、1年前と比べて上手にできるようになったなど、同一個人の特性を時間軸で比べた場合の差異も個人内差といえるだろう。

2 ── 発達を規定する要因

子どもの発達に影響をおよぼしているものは何だろうか。これまでにも、多くの研究者たちによって、発達を規定する要因についての議論が繰り返されてきた。なかでも、「遺伝」的要因を主張する立場と「環境」的要因を主張する立場の議論が長く展開されてきた。近年は、遺伝か環境かという二者択一的な考えではなく、発達は遺伝と環境の両方の要因によって影響を受けていると考えるようになった。以下に主な説を紹介する。

1．単一要因：「遺伝」か「環境」か
・ゲゼルの「遺伝説」(成熟説)

まず、「遺伝要因」の影響を主張する立場は、いわゆる「蛙の子は蛙」ということわざがあるように、人間の発達は遺伝的要因によって規定されることを示した。遺伝説（成熟説）を支持した研究にアメリカの小児医学者ゲゼル（Gesell, A.）の一卵性双生児を対象に行った研究がある。

T君とC君という双子を対象に、生後46週目から6週間にわたって、まずT君に階段のぼりの訓練を行った。その間、C君には何も訓練は行わなかった。次に、生後53週目から2週間にわたって、C君に階段のぼりの訓練を行った。その結果、T君とC君では訓練期間が異なるにもかかわらず、生後79週目では2人の階段のぼりの速さはほぼ同じぐらいになっていた。T君のほうがC君よりも先に訓練をしていたにもかかわらず、たった2週間だけ訓練をしたC君との間に階段のぼりという運動能力に差がないという結果が示されたのである。

　この研究によってゲゼルは、早期からの学習の効果は成熟（遺伝）にはおよばないということ、つまり、人間の発達は遺伝要因によって規定されているということを示したのである（成熟優位説）。

・ワトソンの「環境説」

　一方、「環境要因」の影響を主張する立場としては、ワトソン（Watson, J. B.）の説が有名である。彼は、「もし私に生後間もない健康な子どもと、それを育てるための環境を自分の望むものにしてくれれば、どんな子どもであっても訓練して、才能、能力、家系や血筋のいかんに関わらず、医師、弁護士、芸術家、大商人、いやこじきや泥棒にでさえも育ててみせよう」と言ったといわれている[2]。理想的な環境さえ整えば、遺伝の素質に関係なく、理想的な発達が可能であるという考え方である。つまり、人間の発達は環境要因によって規定されることを示した。

　後年、この説は「ワトソニズム（Watsonism）」と呼ばれるようになった。

2．遺伝と環境の加算的寄与

・シュテルンの「輻輳説」

　その後、遺伝か環境かという二者択一的な考え方から、発達は遺伝要因と環境要因の両方によって規定されているという考え方が示された。

　ドイツの心理学者シュテルン（Stern, W.）は、人間の発達は遺伝的素質が現れるだけでもなく、ただ環境の影響を受けるだけでもなく、遺伝要因と環境要因の両者の加算的な輻輳（収束）の結果であると主張した（輻輳説）。現

在の相互作用説と異なるところは、発達が遺伝と環境という2つの独立した要因からなっているという見方である。

3．相互作用説
・ジェンセンの「環境閾値説」

　アメリカの心理学者ジェンセン（Jensen, A. R.）は、シュテルンの輻輳説に対して、遺伝と環境は単なる加算的なものではなく、相乗的な関係にあるという考えを示した。人が生得的（遺伝的）にもっているさまざまな特性が顕在化するためには、個々の特性ごとに適切な環境が重要であり、個々の特性に固有の、ある一定水準以上の環境が必要であることを主張した（環境閾値説）。これを示しているのが図1-2である。この図の縦軸は遺伝的影響の強弱を示しており、横軸は環境的影響の強弱を示している。たとえば、身長や発語（特性A）は、よほど劣悪な環境でない限り、それほど環境の影響を

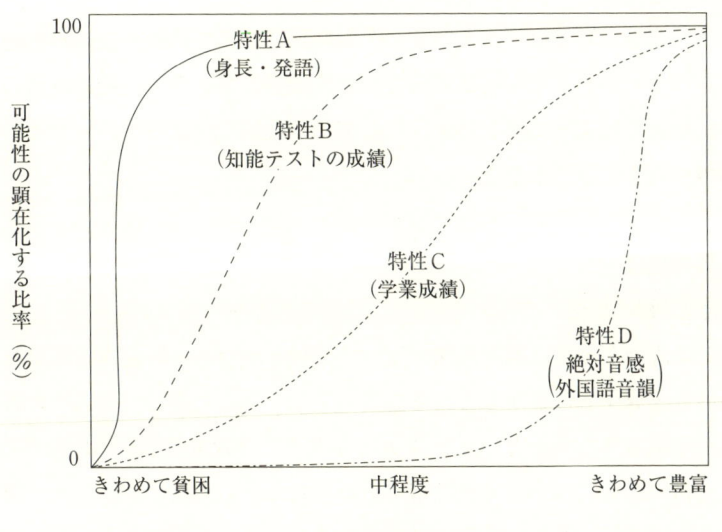

図1-2　ジェンセンの「環境閾値説」

出典：岸井勇雄・無藤隆・柴崎正行監修・無藤隆編著『保育・教育ネオシリーズ(5)発達の理解と保育の課題』同文書院　2012年　p.31

受けることなく発達するが、学業成績（特性C）は教育を受ける環境が整っているかどうか、保護者の教育への関心など、やや環境からの影響が大きくなる。さらに、絶対音感や外国語音韻の弁別（特性D）などについては、このような能力を習得するための特別な環境が、ある程度継続的に与えられる必要があり、他の特性に比べて環境要因の影響を強く受けるものとしている。

　このように、人間の発達は遺伝と環境のどちらか一方だけによって決定されるものではなく、両者が相互にかかわりあいながら発達を支えているというのが「相互作用説」である。

2 ●発達段階と発達課題●

1．発達段階

　発達の過程はいくつかの段階に分けることができる。これを「発達段階」と呼ぶ。発達段階とは「ある特定の年齢時期においてはその他の年齢時期にはみられないさまざまな特徴がある」と定義されている[3]。発達段階の分け方は、研究者によって異なるが、ここでは一般的な発達段階の区分と各時期の特徴を表1-1に示そう。

2．発達課題

① 発達課題の定義

　「発達課題」とは、発達段階によって分けられたある特定の時期それぞれにおいて達成することが望まれる課題のことである。何のためにそのような課題が設定されるのかというと、「人間が健全で幸福な発達を遂げるため」である。言い換えれば、各発達段階に定められている課題を一つひとつ達成していかなければ、私たちは健康に社会生活を送ることができず、何らかの問題に直面した場合、不適応に陥ってしまうリスクが高くなるということである。

表1-1　発達段階の区分と各時期の特徴

発達段階	各時期の特徴
胎生期	受精から出生までの約280日の時期
新生児期	出生後1か月の期間
乳児期	出生後1年～1年半のうち新生児期以降の時期　歩行し始める　言語を使用し始める
幼児期	乳児期以降小学校入学までの期間　基本的運動機能の完成　基本的生活習慣の形成　第1反抗期
児童期	小学校1年生から6年生までの期間　第二次性徴が現れ始める
青年期	児童期から成人期への移行期　生理的成熟と心理的諸機能の一応の完成　第2反抗期
成人期	独立した社会人として行動する時期（20～50代）就職　結婚　子育て　地域社会での役割など
老年期	成人期以降死までの時期（60代～）　自分の生涯を振り返る　死の受容

出典：無籐隆・中坪史典・西山修編著『新・プリマーズ／保育／心理　発達心理学』ミネルヴァ書房　2011年　p.13

② **発達課題が意味するもの**

　発達段階の分け方が研究者によって異なるように、発達課題もまた研究者それぞれの発達理論によって一様ではない。しかしながら、異なる内容の根底には、発達課題を達成する共通の意味があると考えられる。それは、健全な自己の確立であったり、他者との適切なコミュニケーション能力の獲得、または人としての充実感や有能感を得ることなど、これらは社会のなかで適応的に生きていくために必要なものなのである。つまり、さまざまな社会的・文化的背景があるなかで、他者を信じ、自分を信じ、力強く適応的に"生きていく力"を獲得するということが、健全で幸福な発達を保障することになるのだろう。

3
●さまざまな発達理論●

子どもの発達の理解に貢献した主な発達理論を以下に紹介する。

1．フロイトの理論

　フロイト（Freud, S.）は、人間の性的衝動（リビドー）の部分、いわゆる「性的欲求」に注目し、人間の発達を身体部位と結びつけた心理・性的発達段階を提唱した。それは、乳児期の「口唇期」にはじまり「肛門期」へと移り、思春期以降の「性器期」に至る（表1-2）。子どもと性的欲求とを結びつけて考えると少し違和感を抱くかもしれないが、ここでいう性的欲求とは大人の性欲とは異なり、身体部位への刺激によって得られる"快感"のことを意味する。たとえば、口唇期は「唇」という表記からもわかるように、乳児はおっぱいを吸う行為によって唇に刺激を受け快感を得ていると考える。そして肛門期は、うんちをする時に肛門に刺激を受け快感を得ているとした。このように、フロイトは身体部位が快感を感じることと発達を関連づけたのだが、この理論は単に性的欲求が満たされることの重要性を述べているわけではない。各段階における身体部位の変化とともに、心理的状態の変化も生じているのである。ある発達段階における性的欲求がうまく満たされなければ、年齢を経てもその段階の課題は残ったままとなり、その未解決の課題を揺るがすような問題に直面した場合には、前の段階に戻ってしまうことがある（これを「退行」と呼ぶ）。

2．エリクソンの理論

　エリクソン（Erikson, E. H.）は、フロイトの性的欲望の変化という考えをもっと広く発展させ、自分を取り巻く周囲の人々や社会との関係のなかで人間がどのように成長していくかという観点から発達理論を展開した。そのなかで、人間は生涯にわたって発達し続けるものであるとし、それを「ライフサイクル」として位置づけた。エリクソンは、このライフサイクルを8つの

表1-2　フロイトの発達段階

発達段階	時期	特徴
口唇期	誕生から1歳6ヶ月頃	乳児は反射によっておっぱいを吸うことができる。おっぱいを吸うことは、飢えを満たすとともに、唇や舌で乳房を吸う感覚を楽しみ、お乳を味覚と嗅覚でも楽しみ、そして満足して寝るという体験である。こうした体験から、乳児は自分の欲求を満足させてくれる存在を感じ、基本的信頼感を獲得していく。一方、ときには欲求不満を感じるため、その不満を和らげる手段として指しゃぶりを行う。欲求不満が生じることで、乳児は自分の願望どおりに世界が動かないことを知る。それは自分とは違う他者の存在に気づくことでもある。
肛門期	1歳過ぎから3歳頃まで	肛門や尿道の感覚が発達する時期。この時期は子どもが意志（「いやだ！」）を表現し始める。それゆえ、自分の好きなときに排泄したい要求と、排泄のしつけ（トイレット・トレーニング）をしようとする親の要求とのぶつかり合いが起きる。子どもは親の要求どおりにして喜ばせようとする一方で、親に逆らおうとするという相反する気持ちを抱く。矛盾した気持ちが同時に存在する心理を両価性という。
男根期	3歳から4歳頃	性器の刺激による快感を発見する時期。この時期は男女間の性器の違いや出産、性行為に興味を持って親に色々尋ねたりする時期である。また、男女の性器の違いから、男女の性別を意識するようになる。しかし、性的な事柄に関する質問は親からあまりいい顔をされないため、子どもは不安を感じる。
エディプス期	3歳から5歳頃	異性への性欲が意識されるようになるが、性欲の主な対象は異性の親である。そして、同性の親の存在が邪魔者に感じられるようにもなる。その結果、子どもは心の中での両親との三角関係に悩む。このときの複雑な感情をエディプス・コンプレックスという。しかし、異性の親への性的願望の実現は通常不可能なので、異性の親への性的願望をあきらめて抑圧する。そして、同性の親に同一視（注）していく。男児は父親のように男らしく、女児は母親のように女らしくなろうとする。こうして、この時期子どもは同性の親と異性の親の双方を取り込んだ三角関係を作ることで、社会生活において、さまざまな役割を理解したり関係を作ったりする準備をしていく。
潜伏期	6歳から10歳頃まで	この時期は、エディプス期が子どもの断念で終わることから性欲が抑圧される。子どもの関心は外界に向かい、知識の探求や仲間関係の形成に費やされる。
性器期	思春期以降	第二次性徴の発現とともに、幼児期にはばらばらであった性的活動が性器を中心としたものに統合される。このことは、相手をひとりのまとまった人間として感じ取れるようになることにつながる。こうして、相互に責任を持った交際が可能になり、次世代を育てる準備が整う。

（注）　同一視とは、親の態度や規範を自分の中に取り込むこと。
資料：牛島定信（2000）『現代精神分析学』放送大学教材を参考に作成
出典：岡本依子・菅野幸恵・塚田 - 城みちる『エピソードで学ぶ乳幼児の発達心理学　関係のなかでそだつ子どもたち』新曜社　2011年　p.11

表1-3　エリクソンの発達段階

発達段階	心理社会的危機	重要な対人関係	特徴
第1段階 (乳児前期) 0～1歳	基本的信頼 対 基本的不信	母親やその代わりとなる人物	基本的信頼とは、子どもが自分が困ったときには母親が必ず助けてくれるだろうという信頼感を獲得すること。不信とは信頼できないことへの不安を予期することである。
第2段階 (乳児後期) 1～3歳	自律性 対 恥、疑惑	両親	自律性とは、意志の力で自己を統制すること。一方で、自分の意志を通そうとすると、親の意思(しつけ)とぶつかる。このしつけが過度に行われると子どもは恥や自己疑惑を感じる。
第3段階 (幼児期) 3～6歳	自主性(自発性) 対 罪悪感	基本的家族	自主性とは、自分で活動を開始し、目的を持つこと。しかし、積極的に動くことは、同じような他者の積極的な動きと衝突し競争になる。このとき衝突しすぎると罪悪感を感じる。
第4段階 (学童期) 6～12歳	勤勉性 対 劣等感	近隣社会や学校	勤勉性とは、身体的、社会的、知的技能における能力を培い、学ぶ喜びをもって、困難な仕事に取り組み問題を解決していくこと。一方、能力において自分に失望すると劣等感を感じる。
第5段階 (青年期)	同一性 対 同一性の混乱	仲間集団と外集団リーダーシップのモデル	同一性とは、自分とは何者かという問いに歴史的、社会的定義を与えていくこと。自分の過去との連続性を断とうとすると自己意識が曖昧になる。また、他者との心理的距離のとり方に困難さを感じることでも同一性が混乱する。
第6段階 (成人前期)	親密性 対 孤立	友情、性愛、競争、協力の関係におけるパートナー	親密性とは、他者と性的、もしくは心的に親密な関係になること。親密な関係になるほど、自己が失われるような感じがするが、それでもそういった経験に身を投じて関係を作ること。一方、そのような経験を回避しようとすると孤独感を感じる。
第7段階 (成人後期)	生成継承性 対 停滞性	役割を分担する労働と家庭内での役割分担	生成継承性は、次世代を育て、世話するという仕事を遂行すること。一方、次世代や社会と関わりのないところで自己満足のための行動は停滞や退廃を生んでいく。
第8段階 (老年期)	統合 対 絶望	人類	統合とは、自分の唯一の人生を、あるべき人生だったとして受け入れていくこと。それは、自分の残すものを引き継ぐ次世代を深く信頼することでもある。一方、自己の人生が受け入れられないと、死への恐怖や絶望を感じる。

資料：ニューマン、B.M.、ニューマン、P.R./福富譲(訳)(1988)『生涯発達心理学—エリクソンによる人間の一生とその可能性』川島書店を参考に作成
出典：岡本依子・菅野幸恵・塚田一城みちる『エピソードで学ぶ乳幼児の発達心理学　関係のなかでそだつ子どもたち』新曜社　2011年　p.13

段階に分け、それぞれの段階に発達課題を示した（表1－3）。各段階にはその時期に解決すべき課題があり、課題を解決することで健全な発達と心理的な安定が与えられ、次の段階に進むことができる。しかし、課題を解決できずにいると不健全で心理的にも不安定という危機的状況が生じることになる（エリクソンはこれを「心理・社会的危機」と呼んだ）。たとえば、乳児前期の発達課題は「基本的信頼」の獲得である。これは、おっぱいがほしい、おむつを替えてほしいなどの子どもの欲求に母親がどれだけ敏感に応えてくれるかという経験を通して得られるものである。自分のことをどれだけ守ってくれる存在であるかという信頼と安心が、「信頼感」の獲得につながる。そして、次の段階へと進んでいくのである。しかし、この段階で、おっぱいがほしい時に与えられなかったり、その他のあらゆる要求に応えてもらえない経験をすると、乳児は母親や自分の周りの環境に対して不信感を抱くことになる。そしてこの未解決の課題は年齢を経てもずっとしこりのように残り、その後の成長発達に大きな影響を与えることとなる。このように、エリクソンの提唱した発達理論には、各発達段階に健全な面と不健全な面の2つの側面が存在している。

3. ピアジェの理論

　ピアジェ（Piaget, J.）は、子どもの認知（思考）がどのように発達していくかという観点から発達を考えた。そのしくみとして、認知（思考）の発達段階を「感覚運動期」「前操作期」「具体的操作期」「形式的操作期」の4つに分けた（表1－4）。
　まず、乳児期は、ものを触る、掴む、叩く、口に入れて舐めるなどの感覚と運動機能を使って外界を知る「感覚運動期」にあたる。次の「前操作期」にあたる幼児期は、"表象機能"というイメージとして思い浮かべることができる機能が形成されることにより、頭のなかで空想してイメージを膨らませて、誰かのふりや見立てによって"ごっこ遊び"が展開される時期である（象徴的思考段階）。この段階の子どもの特徴として、自己中心的な思考がみられる。それは、生物以外の生き物にも自分たちと同じように命や感

表1-4 ピアジェの思考の発達段階

I期	0歳〜2歳	感覚運動的段階		感覚と運動とを組み合わせることにより、外界に対応していく時期。この時期の赤ちゃんは、吸う、なめる、触る、つかむ、叩く、見るなどによって外界を知る。
II期	2歳〜7歳	前操作的段階	2歳〜4歳 象徴的思考段階	表象が形成され、見ていたものが隠されてもそれがなくなるわけではないという「ものの永続性」が理解される時期。この時期の子どもは目の前にないものを思い描くことができ、母親が見えなくてもやがて戻ってくるとわかって泣かずに待てる。ごっこ遊びをする。
			4歳〜6・7歳 直観的思考段階	見た目に左右された考え方をし、背後にある本質には考えが及ばない時期。この時期の子どもは、細いコップの水を太いコップに移すと水の量が減り、再び細いコップに移すと水の量は増えたと考える。水位が下がったり上がったりしたという、見た目に左右されてしまう。また、位置によって、他の人からの見え方と自分の見え方が異なることを理解していない。
III期	7歳〜11歳	具体的操作段階		具体的事物や活動に助けがあれば、見た目に左右されずに考えることができる時期。この時期の子どもは、コップの形に左右されずに、移し替えられた水は水位が変わっても水の量は変わらないこと（保存の概念）がわかる。
IV期	11歳〜	形式的操作段階		論理的な思考ができる時期。この時期の子どもは、頭の中で1つずつ考えて具体的操作を確かめるだけでなく、ことばだけで考えることもできる。

資料：岡本夏木（1986）「ピアジェ，J.」村井潤一編『別冊 発達 発達の理論をきずく』ミネルヴァ書房などをもとに作成
出典：岸井勇雄・無藤隆・柴崎正行監修・無藤隆編著『保育・教育ネオシリーズ(5)発達の理解と保育の課題』同文書院 2012年 p.89

情があると考える（アニミズム）もので、たとえば、空から雨が降ってくると「お空が泣いてる」と言ったりする。

また、この時期の子どもは、見た目に左右された考え方や、他者の視点に立って物事を理解することができないという特徴もみられる（直観的思考段階）。このような特徴を示す有名な実験が、ピアジェの行った「保存課題」（図

①液量の保存

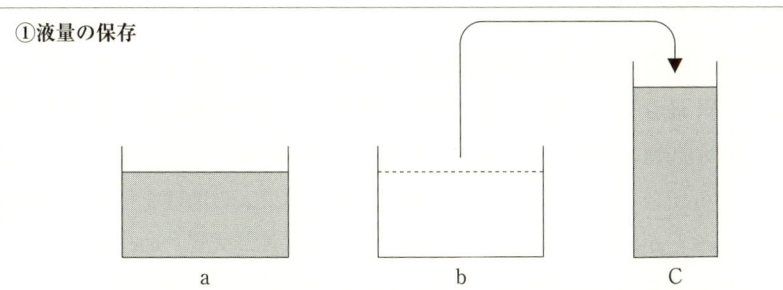

同じ容器（aとb）に同じ量のジュースが入っているのを確認した後、幼児の目の前でbの容器からcの容器に移し替える。その後、子どもにaとcのジュースの量を比較させると、知覚的な変化に左右されて2つの量は同じであると答えることのできる幼児は少ない。

②数の保存

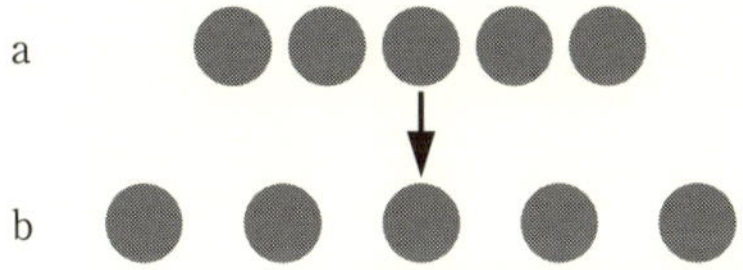

aの状態のおはじきを子どもの目の前でbのように広げ、aとbとを比較させると、幼児は知覚的な変化に左右されてaよりもbの方がおはじきが多い（増えた）と答える。

図1－3　保存課題の例

出典：無藤隆・中坪史典・西山修編著『新・プリマーズ／保育／心理　発達心理学』ミネルヴァ書房　2011年　p.53

1－3）と「三つ山課題」と呼ばれているものである。このような自己中心的なもののとらえ方をする幼児期を経て、次の児童期になると、具体的な物事については見た目に左右されない考え方ができるようになる「具体的操作期」へと移っていく。さらに、児童期以降では、具体性がなくても抽象的な概念によって仮説を立てて論理的に物事を考えることができる「形式的操作期」の段階になる。

4．ヴィゴツキーの理論

　これまで紹介した発達理論は、個人のなかで生じる発達的変化が中心で

あったが、ヴィゴツキー（Vygotsky, L.S.）は、子どもの発達的現象を子どもとその周りの大人との相互作用のなかに生じるものとしてとらえた。この考えに基づく最も有名な理が「発達の最近接領域」と呼ばれるものである。子どもが何か問題を解決しようとする場合に、周りの大人の助けを借りることなく子どもがひとりで解決できる水準と、周りの大人の助けを借りれば解決できる水準とがある。この2つの水準にみられる差（ズレ）の部分をヴィゴツキーは「発達の最近接領域」と呼んだ。この発達の最近接領域では、子どもが解決すべき問題のレベルや置かれている状況によって、どの程度大人の助けを必要とするのかは異なってくる。大人の助けがたくさん必要な時もあれば、状況によっては大人が手助けすることなく子どもを見守るほうが良い場合もある。いずれにしても、子どもは大人に援助してもらったり、見守られたりという経験を通してより高い水準に向かって発達が促されていくのである。

【引用文献】
1）井戸ゆかり編著『保育の心理学Ⅰ　実践につなげる子どもの発達理解』萌文書林　2012年　p.37
2）無藤隆・中坪史典・西山修編著『新・プリマーズ／保育／心理　発達心理学』ミネルヴァ書房　2011年p.13
3）新井邦二郎監修・藤枝静暁・安齋順子編著『保育者のたまごのための発達心理学』北樹出版　2011年　p.20

【参考文献】
橋本敏・福永博文・伊東健次編著『子どもの理解とカウンセリング』みらい　2009年
繁田進監修・向田久美子・石井正子編著『新　乳幼児発達心理学－もっと子どもがわかる　好きになる』福村出版　2010年

イラスト協力：深谷仁美（國學院大學栃木短期大学人間教育学科子ども教育フィールド）

第2章 子どもの「いま」を知る

1 ●少子化の現状●

1 ── 少子化とは？

　少子化が今日の日本が抱える大きな問題の1つとなっているが、少子化とはどのようなことなのだろうか。合計特殊出生率の低下および依然として向上しない状況のことを少子化という。

　合計特殊出生率とは、1人の女性が一生のうちに平均して産む子どもの数を推定する数値である。15歳から49歳までの女性が対象となっている。

　この合計特殊出生率が、第2次ベビーブーム（1971（昭和46）年～1974（同49）年）から低下し続けている。2005（平成17）年には、過去最低の合計特殊出生率である1.26となった。その後、若干回復はしたものの2012（同24）年の合計特殊出生率は1.41であり、出生数は過去最最低の103万7101人であった。このような現象を少子化という。

　図2-1は、1947（昭和22）年から2012（平成24）年までの出生数と合計特殊出生率の変化を示したものである。1947（昭和22）年から2012（平成24）年までの65年間で出生数がほぼ半分になったことがわかる。

　少子化を食い止める対策として、1994（平成6）年に「今後の子育て支援のための施策の基本的方向について（エンゼルプラン）」、1999（同11）年に「重点的に推進すべき少子化対策の具体的実施計画について（新エンゼルプラン）」、2004（同16）年に「子ども・子育て応援プラン」、さらに2010（同22）

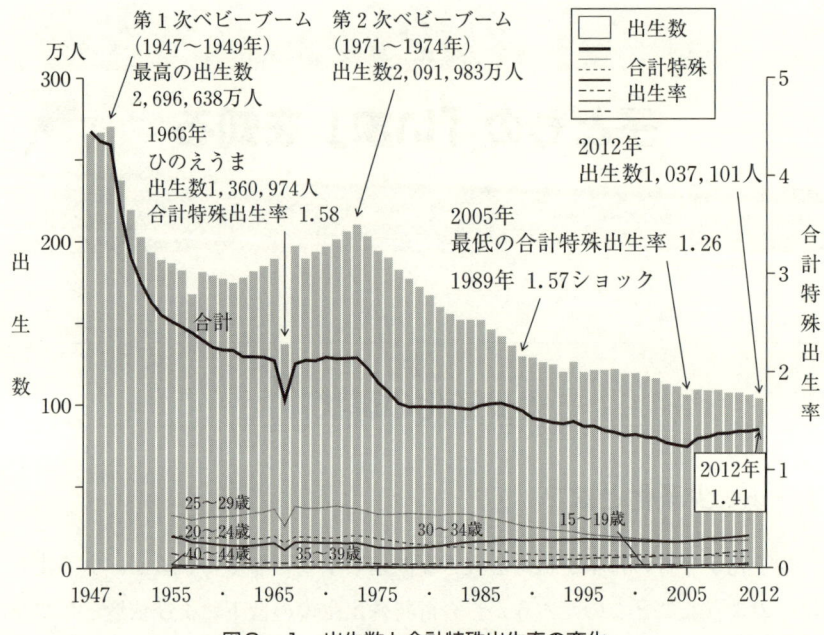

図2−1　出生数と合計特殊出生率の変化

出典：全国保育団体連絡会・保育研究所編『保育白書2012年版』ひとなる書房　2012年 p.8を一部改変

には「子ども・子育てビジョン」が政府によって策定されてきた。また、2003（同15）年に「少子化社会対策基本法」が議員立法によって制定された。このほかにも、同年には企業や地方自治体の取り組みを推進するための「次世代育成支援対策推進法」が制定され、さらに、2012（同24）年には「子ども・子育て支援法」が成立した。このように、少子化はわが国にとって重要な政治課題の1つでもある。

2 ── きょうだいの有無

この10年ほど、合計特殊出生率が2.00以下となっている。このことは、一人っ子が増えたことを意味するのだろうか。

ベネッセ教育総合研究所[1]が2009（平成21）年に小学校1年生の子どもの

第2章 子どもの「いま」を知る 31

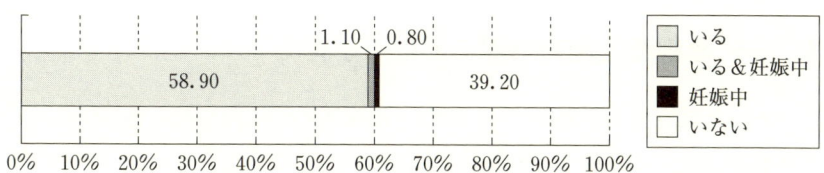

図2-2 きょうだいの有無

出典：ベネッセ教育総合研究所「小一ママと子の放課後生活レポート」ベネッセコーポ
　　　レーション　2010年　p.1

　第一子をもつ母親（平均年齢35.6歳）を対象にした調査によると、約6割の子どもに弟・妹がいることが明らかになっている（図2-2）。
　「平成22年度国民生活基礎調査の概況」[2]においても、児童のいる世帯の平均児童数は、2010（同22）年では1.70と合計特殊出生率を上回っており、過去最低の合計特殊出生率（1.26）であった2005（同17）年においても、1.75人であった。つまり、子どもの数は減少しているが、半数以上の子どもはきょうだいがいる環境で育っているのである。

2 ●子育ての多様化●

　核家族や共働き家庭の増加などや地域社会の変化により、私たちのライフスタイルは多様化し、それにともなって子育てのあり方もさまざまな姿に変化してきている。子育ては家族の形態と深く関連するものだといえる。それでは、核家族と同居家族ではどのような相違があるのだろうか。
　以下では、核家族が多いと考えられる首都圏と、同居家族もしくは祖父母世帯と行き来が容易な家族が比較的多いと考えられる地方市部での子育ての相違について取り上げる。また、共働き家庭の子どもは多くの場合保育所で過ごすことになる。このように、両親のライフスタイルも子どもの育つ環境に大きな影響を与える。子どもが育つ場所についての変化についても紹介する。

1 ── 首都圏と地方市部における子育て

ベネッセ教育総合研究所[3]は、2010（平成22）年に乳幼児をもつ母親（平均年齢33.2歳）を対象に、子育ての状況についての調査を行った。その結果から、首都圏の母親の子育て状況と地方市部の母親の子育ての違いを紹介する。

①平日の子どもとの外出と同行者

全体的に95％の母親が平日に外出しているが、首都圏のほうが外出の回数が多いが母子のみでの外出が多く、同行者としてはママ友が多いことが示された。地方市部では、同行者は父親や母方の祖母が多かった。

②子育て支援の活用

首都圏のほうが子育て支援の活用頻度が高く、とくに「ママ同士での交流の場」を活用する傾向があることが示された。

③祖父母からの子育てへの手助け

父方母方にかかわらず祖父母からの日常的な手助けは、地方都市部のほうが多かった。これは、祖父母と同居していたり、居住地域が近く手助けを受けやすい環境にあることがわかる。

以上のことから、首都圏と地方市部における子育ての援助資源に違いがあるといえる。つまり、首都圏ではママ友が、地方都市部では祖父母が子育ての援助資源となっている。

2 ── 就学前の子どもが育つ場所の変化

図2-3は、就学前の子どもが育つ場所の変化（2003（平成15）年と2011（同23）年の比較）を示したものである。

2003（同15）年から2011（同23）年の8年の間に、1・2歳児の保育所の入所率が非常に上昇している。このことは、母親の産休の期間と関連があると考えられる。幼稚園に入園する3歳では家庭以外で過ごす子どもが2003

第2章 子どもの「いま」を知る 33

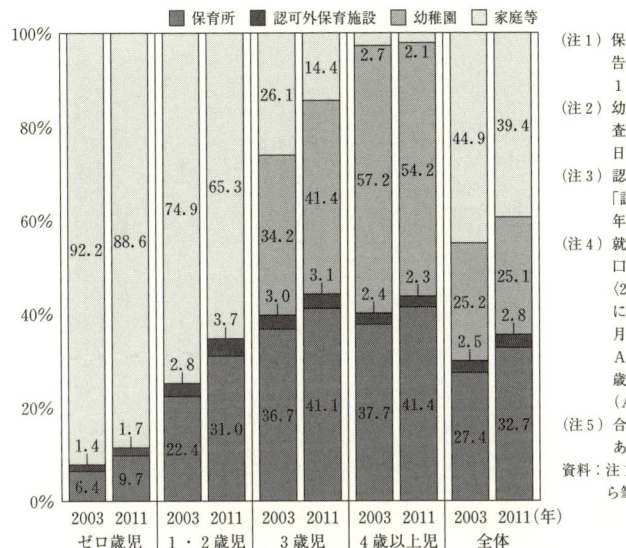

図2-3 就学前の子どもが育つ場所の変化

出典：全国保育団体連絡会・保育研究所編『保育白書2012年版』ひとなる書房 2012年 p.18

(同15) 年から2011 (同23) 年にかけて約10％増加し、4歳ではほとんどの子どもが家庭以外の場所で保育・教育を受けていることがわかる。また、全体として保育所に入所する子どもの割合が高くなっている。

3 ●社会状況の変化●

「失われた20年」という言葉があるように日本の経済状況は1990年代初頭のバブル経済の崩壊から低迷している。このことは雇用や収入に負の影響を与えており、結婚することや子どもをもつことへのためらいを生じさせ、少子化の一因となっていると考えられている。

また、女性の社会進出も進み、結婚・出産後も正規で働き続ける女性も増加している。この背景には、前述した経済状況もあるだろうが、社会全体の

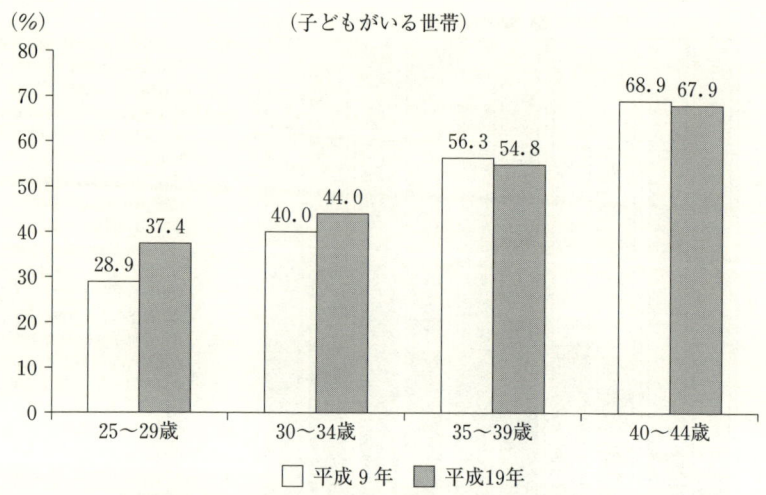

図2−4　子どもがいる世帯の母親の就業率

出典：厚生労働省『「平成22年度版　働く女性の実情』2011年　p.12

女性が働くことについての価値観の変化も背景にあると考えられる。

図2−4に子どもがいる世帯の母親の就業率の変化を示す。

1997（平成9）年と2007（同19）年の比較である。30代前半までの母親の就業率が10年の間に上昇したことがわかる。とくに、20代の母親の就業率が大きく伸びている。このように、母親の就業率の上昇が第2節で示した1・2歳児の保育園への入所率の上昇と関連している。子どもが育つことや、子どもを育てることは、社会状況の変化から大きな影響を受けるといえる。

4
●子どもを取り巻く環境●

少子化に対するさまざまな政策が国や地方自治体によって実施されている。しかし、経済の地方格差などによりすべての地域で同質の子育て支援サービスを受けられるとは限らない。また、地域の特徴により必要とされるサービスの内容も異なるだろう。子育て支援サービスは両親だけでなく、子どもに

とっても非常に重要なものである。地域の特徴による子育ての状況の分類について始めに紹介し、最後に経済的な問題を背景とした子どもの貧困について述べる。

1 ── 地域の特徴による子育て状況

　図2-5に保育状況と女性の就業状況の2要因によって分類した地域の特徴を示す。保育状況とは、保育サービスの供給の程度のことである。

　図2-5の①は都心中心部であるが、この地域の特徴は子どもが少ないために保育サービスが受けやすくなっていることである。③の地方都市は保育サービスが受けやすく女性の就業率も高い特徴がある。④は地方であり保育サービスは十分ではないが同居率が高く子育て資源に恵まれているため女性の就業率が高いという特徴がある。もっとも子育てにとって困難な状況であるのは、保育状況が悪く、女性の就業率も低い都心部郊外のベッドタウンであることがわかる。

　このように、地域によって子育て環境が異なり、子どもが育つ環境に地域

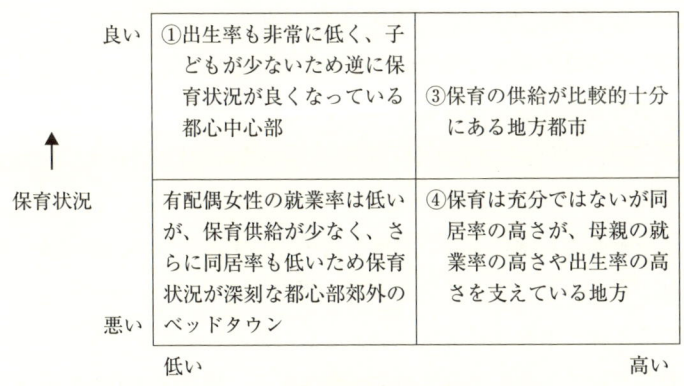

図2-5　保育状況と女性の就業率による地域の特徴の分類

出典：国立社会保障・人口問題研究所編『少子化社会の子育て支援』東京大学出版会　2002年　p.202

差があることがわかる。子育てや、子どもが育つことへの支援を考える際に、このような子どもが生活している地域の特徴を考慮することも大切なことである。

2 ── 子どもの貧困

　第3節でも述べたように、わが国の経済は困難な状況にある。所得の格差の拡大、低所得者の増加、非正規労働者の増加などが挙げられる。子どもが育つ家庭の経済状況によって、子どもが育つ環境も大きく異なる。そして、このことは子どもの育ちに大きな差異を生じさせると考えられる。
　経済的に困難な家庭を「相対的貧困層」、そうではない家庭を「相対的に貧困ではない層」として、それぞれの家庭で育つ子どもの生活についての意識について図2-6に示した。

　相対的貧困層の子どもはそうでない子どもよりも、「一人ぼっちで寂しいと感じる」といった孤独感を感じる割合が高いという心理的特徴を示している。また、「休日の勉強時間『まったくしない』」という勉強への意欲の低い子どもが多く、「学校の成績が『上のほう』『やや上のほう』」といった子どもが少ないということから、学習面での格差も大きいことがわかる。そして、経済的な事情も関係しているかもしれないが、学習面の状況や経済的な事情のため、「自身の現実的な学歴が『大学・大学院まで』」と考えている子どもの割合も低い。
　孤独感を感じたり学業面での困難を抱えたりすることで、心理的・行動的問題行動が生じやすくなる可能性も高くなる。
　以上のことは、困難な経済状況が子どもの育ちに不利益となっていることをあらわしている。そして、このような状況は、相対的貧困層の家庭の子どもが成人したときに、彼自身もまた相対的貧困層に属してしまう可能性を高くしてしまうと考えられる。いわゆる負の連鎖が生じてしまうのである。
　さらに、貧困が虐待の要因となることもある。

第2章 子どもの「いま」を知る　37

回答者	家庭の暮らし向き「苦しい」		子どもの教育資金が不足している		毎日の生活費が不足している		お金のことで悩んだりしている		普段の健康状態は「悪い」		役に立たないと強く感じる		憂うつだと感じる		一人ぼっちで寂しいと感じる		子（自身）の現実的な学歴が「大学・大学院まで」		学校の成績が「上のほう」「やや上のほう」		休日の勉強時間「まったくしない」	
	親	子	親	子	親	子	親	子	親	子	親	子	親	子	親	子	親	子	親	子	子
相対的貧困層	85.4	46.7	59.3	50.3	30.5	29.1	7.2	41.2	58.0	68.2	46.7	23.8	21.0	23.3	27.7	19.6	20.8				
相対的貧困でない層	44.2	19.1	35.5	18.7	17.3	14.1	5.0	27.5	55.4	59.0	49.2	13.6	15.4	56.0	58.8	38.5	8.8				

図2-6　相対的貧困層と相対的に貧困でない層の生活意識

出典：全国保育団体連絡会・保育研究所編『保育白書2012年版』ひとなる書房　2012年　p.15

　以上述べてきたように、子どもが育つ環境はさまざまであり、大人の世界に格差があるのと同様に、子どもの育つ環境にも格差がある。その格差は、地域格差であったり、家庭間格差であったりする。
　子どもの問題に対応するとき、子どもの生活している環境を地域的な観点、経済的な観点、家族形態の観点など複数の視点から総合的に検討することが重要である。
　そのためには、子どもの「いま」を俯瞰的に理解することが必要なのである。

【引用文献】
1）ベネッセ教育総合研究所「小一ママと子の放課後生活レポート」2010年　p.1
2）厚生労働省「平成22年国民生活基礎調査の概況」
　　http://www.mhlw.go.jp/toukei/saikin/hw/k-tyosa/k-tyosa10/
3）ベネッセ教育総合研究所「首都圏・地方市部ごとにみる乳幼児の子育てレポート」2011年

第3章 子どもと親のかかわりを理解する

1 ●少子化と子育て不安●

1 ── はじめに

　子どもと親のかかわりほど難しいものはない。なぜなら身近であるためお互いが空気のような存在になっていて、親子関係を見つめ直す機会がないからである。そのため、親子関係を見つめ直す時は往々にして事件や事故が起きた後である。その時になって初めて「ああしておけばよかった」「こうしておけばよかった」と後悔することが多い。ここでは子どもと親というものについて、筆者がカウンセリングにかかわってきた経験から述べていく。

2 ── 少子化のなかでの子育て・子育ち

1．少子化の影響

　少子化により、親の目が子どもに行き届くようになってきた。それは一見良いことのようでもあるが、見なくてよいものまでが見えてしまうため、親の子育て不安へとつながって、その不安を子どもが微妙に感じ取り伝染していく。では、「見なくてよいもの」とはどういうものであろうか。たとえば、子ども同士のちょっとしたケンカがそうである。「ケンカをする」ということは、社会経験の1つとして大切である。しかし、子ども同士でどのように解決していくかを学ぶよいチャンスを、大人の目が行き届くことで奪ってしまうことがある。

今子育て中の多くの親も少子化のなかで育ち、複雑な人間関係のなかで揉まれて育ったわけではなく、「子ども時代の社会経験」というものが少ない。「子どもの社会経験」とは、家族以外の人とも接し、叱られたり、注意されたり、助け合ったり、言葉を交わしたり……ということである。そういった経験が大人になってから厳しい社会で生き抜く力を培っていく。しかし、その経験がないと、ちょっと叱られただけで自分を否定されたように思ってしまう。

　ある大学生が友人と議論を戦わせていたら「そんなに揉めないで！」とそれを止めた他大学の友人がいた。討論していた学生同士にとっては日常のごく当たり前のことなのだが、そういう経験のない友人にはケンカをしているように見えたようである。みなさんのなかにも、「お互いを傷つけ合わないように何も言わない」そんな関係を保っている人がいるだろう。換言すれば、友人や他人のちょっとした言葉に傷つきやすいので関係性を深めず、少しでもその人のことを苦手だと思ったら絶対に近づかない。関係性が揺らぐことを非常に不安に思う。筆者は25年間カウンセリングを行ってきて、そういう人が確実に増えてきていると感じている。

2．見守るということ

　子どもを成長させるためにどうかかわればよいのか。このことは考えれば考えるほど難しい。その家庭、環境によってさまざまなことが微妙に違うから一概には言えない。しかし、どの家庭にも共通する大切なことは「見守る」ということである。「見守る」ということは感情的にならずに冷静に子どもの行いを見ていることである。見てはいるけれどできるところまで子どもに任せ、手も口も出さない。子どもを受容し、子どもの心の声に耳を傾け共感する。しかしこれがなかなか難しい。

　受容してくれる大人が周りにいると、子どもは安心してさまざまな体験をしながら成長していくことができる。成長には個人差があるので周りの子どもと比較するのではなく、その子ども自身の成長過程を大切にしながら成長を見守ることが大切である。感情的になると見えるものも見えなくなるし、子どもは大人の顔色を上手にうかがうようになり自己肯定感の低い子どもに

育っていく。これは子どもに自尊感情（self-esteem）が育たないからである。
　ここで大切なことは、ダメなものはダメだときっぱり伝えること。それは、危険なこと、犯罪につながること、誰かが悲しむこと、辛い思いをすることになる場合などである。子どもとの関係性が揺らぐのを恐れて大人もはっきりと言えなかったり、その時の感情で叱ったり禁止したりする。すると子どもはなぜ叱られているのかわからなくなり、子どもも感情で処理することを学んでいく。少子化のなかの子育てだからこそ、敢えて子どもにさまざまな体験をさせて「見守る」ということが大切である。

3．子育て不安と情報過多

　情報がほしい時、インターネットで簡単に調べられるようになった。書店でもたくさんの育児書、教育書が並び、その範囲は驚くほど多様な分野におよび、著者たちもいろいろな分野の人たちである。たとえば心の面についても心理学のみならず栄養学の立場から書かれたものなどもあり、それらを読者は取捨選択しなければならないが、これがなかなか難しい。活字になってしまうとそこに書かれたものは正しいと多くの人たちが思い込む。その結果、さまざまな情報に振り回されることになる。あるいは、その人の置かれている状況には不的確な情報であっても正しいと信じ込んでしまう恐れもある。
　たとえば、「子どもにエアコンはよくない」という情報があったとする。確かに子どもにある程度の耐性をつけることは必要なことであるが、それが水分補給を必要とするような異常な暑さで、子ども自身が寒暖の調整ができなかったりする場合はエアコンを使用することは必要である。「適切な温度」ということを考える時、何度が適切なのかを一概に言うのは難しい。例を挙げると、2012年度の国連の報告では、「事務室の冷房の設定温度は24度、会議室は22度」となっていた。これは日本が間違っている、アメリカが正しい、ということではない。情報を鵜呑みにせず、何が必要で何が大切なのか考える力をつけていくことが人を指導、教育、保育する人たちには大切なことである。そのためには広い視野をもっていなければならない。「適切な温度」と表示せず「28℃」と表示することが果たして正しいことなのかどうか、と

いうことを考える力である。恐らく「適切な温度」とされると「適切」ということについて自分自身で考えねばならず、その結果責任も伴ってくる。その点、数値を決められていると「これは国で決まっていることです」と言い逃れることができる。こういう大人の思考方法を子どもたちは知らず知らずのうちに学んでいく。大人が変わらなければ子どもは変わらない。自分で考える子どもを育てていきたいものである。こういった細かなことに目を向けられる人こそ、「保育のプロ」と言えるだろう。情報とは鵜呑みにするものではなく、必要に応じて取捨選択するものなのだから。

3 ── 家族との関係と影響

　子どもの人格はさまざまな環境のなかで形成されていくが、家族は子どもの成長に多大な影響を与えている。家族とは1対1の関係ではなく複雑に絡み合い、相互に影響し合うもので、カウンセリングを家族の誰か1人に行い、その人が変わると家族の関係が変わり出す。つまり家族の誰かが気づきを得て変われば、家族の関係は良い方向に変えることができるのである。

1．母親

　子どもは好むと好まざるとにかかわらず、約9か月間母親の体内で育つ。そのため母親は「自分と子どもは一心同体」と勘違いをしてしまうことがある。本章の冒頭でも説明したが、距離が近いからこそ子育ては難しい。虐待の加害者に実の母親が一番多いのはそういった一因もあるだろう。
　働いている母親は保育所に預けることによって一時的に子育てから解放されるが、専業主婦の場合はそうはいかない。母親も1人の大人として、女性として、人生を楽しんでよいはずである。「おかあさんのリフレッシュのためにお子さんをお預かりします」という園もあるが、まだまだそのことに関して世間や周囲の理解度は低く、当事者の母親にしてもお金を出してまで子どもを預けるということに罪悪感を抱く人は多くいるようである。そこには、子育ては母親がするものだという意識が根強くあるからだろう。かつてのよ

うに世間全体で子育てを行っていた環境が失われた現在、金銭を支払い、一時的に保育をお任せすることは悪いことではない。むしろ、それを軽視する周囲の態度が問題であろう。子育てで追い詰められると最悪の場合、子殺しになりかねない。そこまでに至らなくても、目に見えないところで親子関係に影響をおよぼしていく。実はこの「見えない部分」というのが親子のかかわりのなかで最も恐いところである。

事例：こそこそと出かける母親

10代で子どもを産んだA。子どもが1歳を過ぎた頃、同居している祖母（母親の実母）に子どもを預け、泊まりがけでスノーボードに行くようになった。母親は後ろめたい気持ちもあり、自分に懐いてこない子どもと、気づかぬうちに距離を置くようになっていく。子どもが懐かないのは遊びに行く自分を否定されているようで辛い。そのため母親は遊びに行く時、子どもに気づかれないようにこそこそと出ていく。祖母もこっそりと子どもが知らないうちに出ていくようにと言うので、そっと出ていってまたこそこそと帰ってくる。

〈考察〉

これでは子どもは不安になるだけである。遊びに行く時は、「ごめんね。パパと（あるいは友人と）スノボーに行ってくるよ。明日（あるいは明後日）帰ってくるから待っていてね。おばあちゃんとお留守番お願いね」と素直に言って出掛け、帰宅時は「ただいま〜」と声を掛ければ子どもは母親に飛びついてくるものである。その時に「淋しかったよね。ごめんね〜」としっかりと抱きしめてやればよい。この母親が早速その通り実行したところ、帰宅すると子どもが飛びついてくるようになったという。実はこそこそと出掛けていた頃は子どもとの関係がぎくしゃくしていて、子どものことをかわいいと思えなくなってきていたそうである。Aは「堂々と子どもに話して出掛けるようになり、堂々と帰宅するようになったら子どもが自分に懐いてくるようになった。かわいい！」と話してくれた。もし、それでも子どもが母親を

無視するならば、その親子関係はかなり悪化してきている。1日も早く専門家と相談して改善する必要があり、子どもへの接し方に問題があるということに早急に気づくべきである。

　この事例について、「後ろめたいと思うのならば遊びに行かなければよい。子育ては今しかできないのだから」という常識家もいるかもしれない。だが、子育てがどんなに大変か、辛いものか、過ぎ去った後には「いま考えればあの頃が一番かわいかった。楽しかった。あの頃に戻りたい」と思うかもしれないが、それはすでに過去となったから言えることであって、渦中にいればいろんな意味で大変なものである。

●演習
　子育ての大変さはどんなことが考えられるかディスカッションしてみよう。

　この母親の場合、「10代で母親になった」という責任感もあり、それが後ろめたさを増強させているとも考えられる。いくつであろうが遊びたいものは遊びたい。それが人間味のある普通のことである。たまたま育てやすい子どもだったため、よく寝てくれて病気もせずに大きくなったという子どももなかにはいるだろう。しかし、多くの母親が子育て中になんらかの大変な思いをしているのは事実である。学生のみなさんも、実習が終わればホッとするし、保育者になっても仕事が終わって帰宅すればホッとするはずである。しかし、子育てに1日の終わりはなく、母親の具合が悪い時でもそんなことはまったく関係ないのが子育てというものである。子どもが寝てからでも布団を掛けたり、オムツを替えたり、ミルクを与えたりと本当に気を抜く暇がない。そして次子が誕生すればまた同じことが始まる。

　時代は確実に変わっているのだから、現代の母親のニーズに合わせた対応をしなければ何も変わらない。「今の母親は……」などと言っていても何も始まらない。それよりも今ここで何が必要なのかを考える必要がある。母親が楽しむ時間も夫婦で楽しむ時間も必要であり、その間子どもをどうするのか、ということを考える方が建設的である。

2. 子ども

　子どもは母親のことを実によく観察している。母親の体内にいる時からじっくりと全身で母親を感じている。最近では父親が母親代わりをする家庭もあるようだが、ここでハーロー（Harlow, H. F. 1959）のアカゲザルの実験を思い出してほしい（p.161参照）。不安な時にくっつきたくなるのは、針金製の母親ではなく柔らかな布製の母親であった。母乳が出るか出ないか、ミルクをもらえるかもらえないかではなく大切なのはスキンシップであるという実験である。このことから、だったらそれは父親でもよいのではないかという説もあるようだが、筆者は感性の豊かな乳児にとって、母親の匂いや柔らかさ、肌触りには父親のそれとは違うものがあると考えている。母親の「ぬくもり」を肌で感じるということが子どもにとって心の奥底にしみこみ、目には見えない心の支えが、生きていくうえでの大きな支えとなっていくと言っても過言ではない。

　子どもにカウンセリングを行うと、「きっとおかあさんはこう言うよ」という答えが返ってくる。そしてその答えはほとんどが的中している。子どもは本当に親のこと、特に母親のことをよく見ているものである。しかし残念ながら母親に同じ質問をすると「子どもがどう考えているかわからない」と言われることが多々ある。「親の心、子知らず」ならぬ、「子の心、親知らず」である。

　親子関係がうまくいっていないケースでは、母親から「子どもはどうせ私のことは嫌いでしょう。なぜなら私もあの子のことが嫌いだから」と言われたことがあった。子どもは母親のことが好きだし、それどころか嫌われたくない、見捨てられたくないと考え、一生懸命いい子でいようとする。親に認めてもらおうと一生懸命であるが、その懸命さに気づかない親は多くいる。

3. 父親

　では、「父親は何をすればよいのか」と聞かれることがある。最近では「イクメン」という言葉も流行っているが、筆者は「子どもがまだ乳児のうちは、母親の心理的安定を支えてください」とお願いしている。母親が心理的に安定すれば母乳も出やすくなるし子どもに対する表情も優しくなる。子育てと

いうものは休みがなく、昼夜を問わず忙しいものであることを理解する必要がある。父親の勤務形態や職種によっても子育てへのかかわり方は異なってくるので、夫婦でその家庭に応じた対応をよく話し合うことである。

　一般的に、子どもが産まれた途端に母親の生活は一変するが、父親の生活はあまり変わらない。職場に行けば父親は家庭のこと、産まれたばかりの子どものことを忘れる時があるし忘れてもいられる。しかし母親はそうはいかない。

　子どもが幼児期になれば父親も積極的に子育てに参加し、そういう姿を子どもに見せることも子どもの成長過程においては大切なことである。また子どものことで夫婦が話し合う姿を見せると、子どももそれを見て「話し合う」ということを学んでいくことにもなる。自分のことを見てくれている両親がいるというその体験は、無意識のうちに大きな支え、安心感となっていく。

4．祖父母

　筆者は、祖父母の本来の役割は子どもと親とのクッションであると考えている。子どもが親に叱られた時、慰めてくれたり、時には「そんなに叱らなくていいのにねえ」などと言って親と祖父母がちょっとぶつかったりする。

　一方で、子どもがほしがるものを祖父母が勝手に買い与えるということもある。そんな時は、親はなぜそれをもたせたくないのか、親としての方針を子どもにきちんと話して聞かせればよい。甘やかしてくれる祖父母には、泣きつきたい時に泣きつくことができ、泣きついた後は何食わぬ顔で立ち直っていくこともできる。温かな心の居場所。これが本来の祖父母の役割ではないだろうか。

　最近では祖父母が英語や数学を教え、塾やお稽古事の送迎をする家庭もある。送迎をすることが悪いのではなく、親の役割を演じてしまい、家族の役割のバランスを欠くことが問題で、祖父母本来の役割というものが子育てには必要である。時には経験の少ない両親のアドバイザーとなることもあろう。しかし、時代が急激に変化してきている今、昔の考えを押し通すようではアドバイザーとなるのも難しい。

2
●社会状況の変化とこれからの子育て支援●

1 ── コミュニケーション不足と孤立

　最近では周囲とかかわりをもつ機会が減少しているようである。「人に聞くより自分で調べろ！」という世代である。確かにそれはそれでよいこともあるが、そのことによって失われてしまったこともある。それは、人と人とのコミュニケーションである。たとえば、「知らない人に道を尋ねる」そんなちょっとした行動からあいさつを交わしたり、時には「私もすぐそこまで行くからご一緒しましょう」などと2人の間に一時的ではあるが関係性が生じたりする。しかし、今は若い人の大半が道に迷ったら携帯電話に頼るのではないだろうか。車だったらナビがある。昔は、車から降りてその土地の方に道を聞きにいったりして、「ありがとうございます」「お気をつけて」などと、ちょっとした人と人とのつながりをもつことができた。現在は、他人に声を掛けられない人、声を掛けられても応えられない人が増えつつある。これもやはり大人の背中を見て育ってきた結果であろう。

　こういった社会状況のなかで、親もまた孤立している。近所の人と話すこともない。まして家に上がることもない。都会にいけばいくほどそういう家が多くなっている。「親の孤立」と育児不安は密接な関連性をもっている。

2 ── 「子育て」についての学びの場がないという現状

　子育てについて学ぶ機会がないまま親になり、いきなり現実場面に出くわし、思っていたことと現実とは違うのでどうすればよいのかわからなくなる。これが現在の子育ての大きな悩みである。

　数年前にこんな事件があった。若い母親が病院に行かず1人で子どもを産んだ。「子どもは可愛いもの」と思っていたその母親は、産まれた子どもの顔を見らとてもかわいいとは思えず、むしろ気持ち悪くて「こんなはずでは

なかった」と畑に捨ててしまったのである。動物ならば産まれたばかりの子どもを母親が舐めてきれいにするが、人間の場合は病院で産湯を使ってきれいにしてタオルケットにくるまれてから抱かせてもらうことが多い。

　自分の子どもが産まれるまで、子どもを抱いた経験も子どもと接したこともないまま親になる。なんとなく子どもはかわいいとは思っていたが、実際に子育てが始まってみると、泣いたらどうすればよいのかわからなくなる。そして、自分もこうされたのだからこれでよい、こうしてもらえなかったからこうしなくてもよい、などと自分を納得させて親にされたことと同じことを子どもにしてしまう。虐待というDNAがあるわけはないが、知らないうちに自分の育ちがその子どもにさまざまな形で受け継がれていくのである。

　ところで、子育てというものについてきちんと学んでから親になったという人はいったいどのくらいいるのであろうか。保健の授業や家庭科で少しは学ぶが、多くの人が意識してそれを学ばないまま親になる。アメリカの授業のおもしろい点は、教えられる内容が日常生活にとてもマッチしているということである。子育てに関する内容でも「どのように家族関係を築いていくのか」「3歳児までにどのような感情が育つのか」など非常に生活に密着している。また、筆者が高校で大学の授業を行った時、「ぜひ高校でもこういう授業をやってもらいたい。そうすればおかあさんみたいにならないのに」と高校生から声があがったことがあった。大学の講義でも「おかあさんをここに連れてきて聞かせたい」と言う感想を耳にしたこともある。つまり「親もこういう勉強をしてから親になっていればこうはならなかったのに」と子どもたちは言いたいのである。それは親子関係が悪いからそう言うのではなく、もっと自分たちのことを親に理解してもらいたいと願う気持ちから出た言葉である。

3 ── 母親の精神的安定を図る

　親の不安の根底には「相談する相手がいない」ということがある。辛い時、泣きたい時、ちょっと誰かに話をするだけで楽になるが、その相手がいない

ということは本当に苦しい。今はインターネットという便利なツールがあり、そこで言いたいことを書き込む人もいるが、今度はそれに対するいつ返ってくるかもわからないレスポンスが気になるようになってしまう。人それぞれに感じることや思うことは違い、そこを指摘されると全否定をされた気分になってしまいがちである。だから専門家が母親の気持ちをまるごと受容する場がもっと必要になる。しかし心の面に関しては目に見えないものだけに、ことはそう簡単ではない。心の本音の部分を受け止めることはたいへん難しいことである。殊に心が疲弊したり傷ついたりしている時は、当事者はとても敏感になっているので、専門家に任せる必要があるだろう。

　心が悲鳴をあげている時、誰かに助けてほしい時、人は話せる人と話せない人を敏感に取捨選択する。夫や両親に話せればよいが、それでは身近すぎて子育ての愚痴など言いにくい。なぜなら他人になら言ってしまえばそれで終わるが、身近な家族だとそれが心のどこかに残り、いつか何かが起きた時に「そういえばあの時にあんなことを言っていた」とケンカが起こり得るからである。

　母親たちの本音に気づけるようになること、あなたの前でここぞという時には本音が吐ける、安心感をもってもらえるような保育者を目指してほしい。親が癒されると子育てが楽になるということを忘れないでほしい。

　何か事件が起きる度に「そんな家庭ではない。とてもいい親子でした」という近所や知人からの声が聞かれるが、果たしてそうであろうか。そんなに簡単によその家庭のことがわかるものであろうか。私たちカウンセリングを行っている立場の者から言うと、「事件が起きて当たり前」と思える家庭が世間では「良き家庭・良き家族」だと勘違いされていることも多々ある。保育のプロなら、形が整っていることや一見仲が良い、などということに騙されず、家族というものの本質を見抜く目を育てていくことを切に望んでいる。

【参考文献】
岡堂哲雄『家族というストレス』新曜社　2006年
斎藤学『「家族」という名の孤独』講談社　1997年
長谷川博一『殺人者はいかに誕生したか』新潮社　2010年

第 2 部　子ども臨床の心理学的基礎理論

第4章 子どもと臨床的かかわり

1 ●臨　床●

1────「臨床」とは

　読者は、中学校や高校で「臨海工業地帯」という言葉を習ったことがあるだろう。「海に臨（のぞ）む工業地帯」という意味である。そこから「臨床」を類推すると「床に臨む」ということになる。「床」は「ゆか：floor」ではなく「とこ：bed」を表す。そしてこの「床（とこ：bed）」には、病床の意味がある。このことからわかるように、「臨床」という言葉には、「『病(やまい)の床(とこ)』にいる人に向き合う」という意味がある。現に病気の患者さんに直接かかわって治療することを仕事にしている医師は、「臨床医」といわれている。第2節で述べる「臨床心理学（Clinical Psychology：クリニカル サイコロジー）」という学問分野も、心理的な問題を抱える人（比喩的な意味で「（心理的な）病の床にいる人」）に対して適切な援助を行うための基礎となる心理学を意味する。

　上で述べた「臨床」（床に臨む）という言葉の意味から派生して、現在では、実際に現場で自らがその場にいる人やその場で起きている事象とかかわっている場合を「臨床」という言葉で表すようになっており、臨床発達心理学、臨床教育学など「臨床」という言葉を冠する学問分野も発展してきている。

　たとえば、学問としての発達心理学は、具体的な個々の子どもの姿から、子どもの発達に共通な普遍的・論理的・客観的な一般法則を導き出すことがめざされ、それによって、子どもの一般的な発達の様相が描き出される。発

達心理学を学ぶことによって、子どもが言葉を獲得していく過程、子どもの年齢ごとの描画の特徴や、3歳児クラスの遊びと5歳児のクラスの遊びの相違などについて知ることができる。しかし、これらは一般的、平均的にとらえられた子どもの姿であり、発達の道筋は同じであっても、一人ひとりの子どもには個性があり個人差がある。このことを教育実習や保育実習において、すでに体験している人もいるだろう。したがって、人間に共通した発達の法則性を理解したうえで、「その発達理解に基づいて具体的な支援が行えること、そしてそのことを通して発達の理解を深めると同時に支援の方法論を開発する」[1]ために、臨床という名のついた臨床発達心理学という学問が誕生し、発展してきている。

　子どもたちを教育したり、保育したりする場合、人間の発達や行動について、一般的な法則を学ぶことは必要なことであるが、実際の教育や保育現場では、目の前の子どもたちの個性や特徴に合わせた対応が求められる。子どもの発達において専門的な知識をもっていたとしても、それが現実の目の前の子どもとのかかわりに役立たなくては机上の空論になってしまう。「臨床」とは、実際に目の前にいる相手とのかかわりを意識した言葉なのである。

　このように、現場の教育実践や保育実践において、個々の事例の現実に即したかかわりが臨床的かかわりである。そして、子どもたち一人ひとりの多様な現実に即した臨床的かかわりを行うにあたっては、子どものよりよい生活に役立っているのかどうかについて、自分の実践活動の有効性への検証が必要不可欠である。これが、第2節で述べる実証研究の必要性である。

2 ── 臨床的かかわりの留意点

1．関係性の理解

　子どもとかかわる場合、対象者である子どもを理解することが求められる。子どもの年齢や個性によって、かかわり方を変えなければならない。しかし、かかわる対象となる子どもは、その子どもだけで独立して存在しているのではない。親子関係や家族関係、さらに幼稚園や保育所の先生、仲間との関係

が子どもの心の発達や問題のありように大きく影響している。動植物や物との関係も人の心の育ちに関与しており、生活様式が短期間に大きく変化する現代社会にあっては、育つ時代環境とのかかわりも心の育ちに影響をおよぼしている。よって、臨床的かかわりにおいては、子ども本人の要因だけでなく、その子どもと周りの人的環境や物的環境との関係性への理解が重要となる。

人間は、マニュアルどおり動く機械ではないので、実際の子どもとのかかわりにおいて、同じかかわり方をしたとしても相手が違えば異なった反応が返ってくる。また、同じ相手であってもかかわる場所や時間によっても異なる反応が返ってくる。機械であれば誰が操作しても同じ結果が出るが、人とのかかわりは、かかわり方が同じであったとしても、誰がかかわるかで相手の反応は変わってくる。つまり、人はお互いにその場で影響し合う存在なのである。特に、教員・保育者は、子どもと共に生活するため、子どもと相互に大きく影響し合う。よって、お互いの関係性のなかで子どもを理解する必要がある。子どもの言動で教員・保育者としての自分の心がどのように動き、どういう表情や態度、言葉で応答しているのか、あるいは、教員・保育者としての自分の言動で子どもの心がどう動いているか、そういったところに心を働かせることが相互の関係性を理解するということである。臨床的かかわりには、対象者として客観的に子どもを理解するだけでなく、かかわる自分自身との関係性の理解も求められるのである。このことは必然的に子どもとかかわる自分自身についても理解しなければならないことを意味する。

現代社会では、教員・保育者は、保護者への支援力も求められている。保護者への支援については第９章で触れられるが、子どもとの臨床的かかわりにおいて、親子の関係性の理解は重要であり、保護者との協力関係を欠くことはできない。また、『保育所保育指針解説書』に述べられている「安定した親子関係や養育力の向上をめざして行う」[2]保育指導のためにも、親子の関係性の理解が必要となってくる。

つまり、教育・保育における子ども理解には、子ども個人を客観的対象とした理解に加え、次の２つの関係性の理解が求められる。１つ目は子どもが周囲の物や人と、特に親とどのような関係性の世界を築いているかの理解で

ある。2つ目は、子どもとかかわる教員・保育者と子どもを相互的関係性の視点から理解することである。

2. 自己理解

　相手を理解するためには、よく観察し、話をしっかり聴く必要があるが、観察や傾聴にも観る人、聴く人の感情や先入観が影響する。したがって、相手の理解を適切なものとするためには、観察や傾聴を行う際の自分の視点や感情の吟味が求められる。子どもを理解する時も同様に、自分の価値観や人間観、子ども観への洞察がなければ、自分のなかの偏った枠組みで子どもを見てしまうことにもなりかねない。

　最近は、対人援助職の「感情労働」が話題とされている[3]。保育の分野でも『保育における感情労働』[4]という本が「保育者の専門性を考える視点として」という副題を伴って出版された。この本では、保育場面における保育者自身の感情の動きについて理解を深めることが、よりよい保育実践を考える視点として位置づけられている。教育・保育実践の場で、自身の感情の動きを丁寧に見ることは、教育・保育という臨床的かかわりにおける自己理解の一方法である。

　臨床的かかわりには、個人的経験が役立つこともあるが、自分の成育歴上の経験や教員・保育者としての経験は、あくまで1つの経験に過ぎず、無意識のうちにその影響に支配されて、その子どもには不適切なかかわりになることもある。そうならないためにも、自分の生い立ちや感情の動き、長所・短所など自己理解を深めておく必要がある。子どもを共感的に理解しようとすることは、自分がもっている価値観や枠組みに気づくことでもある。

　保育士が行う相談事例で例を挙げれば、弟が生まれた時に大変さびしい思いをした経験をもつ保育士（挿絵A）は、生後6か月の弟に

意地悪をする3歳の姉の相談にきた母親に対して、自分の幼い時のさびしかった感情を思い出し、3歳の姉を必要以上に弁護する言動が出てしまうことがある。

あるいは、自分の子育てにおいてこの母親と同じような経験をしてきた保育士（挿絵B）は、母親の思いに過度の共感を示し、子どもの気持ちへの配慮が充分になされない対応をしてしまうことがある[*1]。したがって、相談に応じる保育士は自己理解をして、相談支援過程に自分の個人的な感情が優勢にならないようにする必要がある。子どもとのかかわりのなかでもこのような感情の動きを経験することはあり、自分の対応の偏りや不都合を知るために自己理解が求められる。

3．価値観の理解

目の前の子どもたちにどのように育ってほしいのか、かかわる大人の願いや価値観が、子どもへのかかわり方に影響をおよぼす。『保育所保育指針』の第1章「総則」には、保育所の役割として「（－前略－）入所する子どもの最善の利益を考慮し、その福祉を積極的に増進することに最もふさわしい生活の場でなければならない」[5]と書かれているが、子どもにとって何が「最善の利益」なのかについては、立場の違いから多様な考えが存在する。

戸田（2008）は、「保育行為とは、保育者が子どもにとっての『善きこと』

[*1] このような相談を受ける側の感情体験を心理臨床の世界では「逆転移」という。また、相談に来た人（クライエント）が面接外で他者と経験すべきことを、相談過程で相談を受ける人（カウンセラー）と経験することを、心理臨床の世界では「転移」という。転移・逆転移については第7章（p.118）を参照のこと。

を判断して行う行為である。『善きこと』ということは、当然ながら、『なにがどのような理由で』その子どもにとって『善きこと』なのかという価値を判断していることである」[6]と述べ、この価値の判断の難しさに言及し、保育者間での保育行為の連携をめぐる問題について論じている。子どもの保育をめぐっての保育者と保護者の連携においても、保護者支援そのものについても同様の難しさは生じる。臨床的かかわりでは、それぞれの価値判断が、子どもへのかかわり方を変えていくことを理解しておく必要がある。

2 臨床心理学

1 ── 臨床心理学とは

臨床心理学を高橋・高橋（1993）は次のように定義している。
「臨床心理学は、心理学の理論と技術によって、心理的問題をもつ個人の状態を理解し、適切な援助を行うための基礎となる学問である。この心理的問題は、不安や焦燥など個人の内的状態以外に身体の変調や行動の異常などの外的状態も含んでいる。さらに臨床心理学は、現在、特に問題をもたない人の、心の健康を維持増進する目的をもつ心理学でもある。また、個人は、より大きなシステムである家族や学校や社会の影響を受けるので、臨床心理学は個人を取り巻く家族や社会も対象として取り扱う」[7]。

読者のなかには、第1節で述べた「臨床」という言葉から、臨床心理学では、心理的に問題がある人に役立つ実践が重視され、かつ、個別性を大切にする学問という印象をもった人がいるかもしれない。もちろん、その側面が、上の定義で第一に述べられている。しかし、続いて述べられているように、臨床心理学は、個人の心理面の問題に加えて、身体の変調や行動の異常、家族や社会も対象にしており、個人の主観的な内面世界のみを扱うものではない。また、すべての人の心の健康を増進するための学問でもあるので、子どもや保護者を支援する教員や保育者が学んで、教育・保育実践に生かしていっ

てほしい。

　ただし、下山（2010）は、日本での臨床心理学という言葉には、カウンセリングや心理療法の概念が混在したまま使用されており、この三者が混在して「心理臨床学」が構成されていると指摘している[8]。下山（2010）はカウンセリングと心理療法と臨床心理学の違いを表4－1のようにまとめ、これらの概念を区別している[9]。そして、下に示すアメリカ心理学会（American Psychological Association：APA）の臨床心理学の定義[10]を引用して、「臨床心理学は、人間行動が、どのように維持発展されるかについての科学的探究に関わる科学性と、人間の苦悩を生み出す状況を改善し、問題を解決していく臨床実践に関わる実践性の両者から構成される学問」[11]であるとし、日本での今後の臨床心理学の発展のために、実証研究の重要性を強調している。

　最近は、教員や保育者においても自分の行った教育・保育に対する説明責任（accountability：アカンタビリティ）*2が求められる時代である。教育・保育においても、自分の行った実践に対してエビデンス（evidence：証拠）*3を基に説明できるように、科学性と実践性の両面からのアプローチが必要とされる。

　本書においては、子ども、特に支援を必要としている子どもに実際に働きかけを行っていくことを「子ども臨床」ととらえ、その際に役に立つ理論として臨床心理学やカウンセリング、心理療法の知見を学んでいってほしい。

APAの臨床心理学の定義　（http://www.div12.org/about-clinical-psychology）

「科学、理論、実践を統合して、人間行動の適応調整や人格的成長をするとともに、不適応、障害、苦悩の成り立ちを研究し、問題を予測し、そして問題を軽減、解消することを目指す学問である。」下山（2010）p.29より[10]

*2　専門家が行う事柄について、社会に情報を開示し、その存在意義を利用者や納税者が納得できるように十分説明する義務と責任。
*3　臨床心理学的アプローチの有効性を示すために、具体的なデータという証拠に基づいた実証的方法をエビデンスベイスト・アプローチ（Evidence-Based Approach）という。

表4-1　学問としてのカウンセリング・心理療法・臨床心理学の違い

	カウンセリング	心理療法	臨床心理学
対象	健康な側面の成長促進	心理的苦悩の改善やパーソナリティ変化	さまざまな問題（精神的、情緒的、行動的、身体的）の解決
特徴	共感とガイダンスによる単純な介入	セラピスト〔*治療者〕とクライエント〔*来談者〕の関係を重視した介入〔*筆者注〕	アセスメント、介入、コンサルテーションから成る方法を適用
独自性	人間的成長を重視	学派によって理論が異なる	心理学の研究方法が基礎

出典：下山晴彦『臨床心理学をまなぶ①　これからの臨床心理学』東京大学出版会　2010年　p.35[9]

2 ── 臨床心理学的かかわりの基本

1．人間の成長する力への信頼

　臨床心理学的かかわりは、手術をしたり薬を与えたりして、治療者が一方向的に治す[*4]という関係ではなく、かかわる相手（セラピスト：治療者）との関係性に支えられて、相互交流のなかで本人自らが変化していくことを助けることを基本としている。したがって、人間のもつ自己治癒力や成長する力、よき自分として生きようとする力への信頼が前提としてある。

2．人間の弱さへの理解

　人間には、上で述べたよき自分をめざして成長できる強さがある一方で、がんばれなかったり、怠けたり、自分の利害しか考えられなくなってしまったりする弱さや醜さも同時に存在する。このような人間の弱さや醜さに対する理解があるからこそ、臨床心理学的かかわりとして、苦しんでいる人や援助を求めている人への共感や肯定的理解が可能となる。

＊4　治療者が一方的に治す場合でも、治療者主導だが、治すことができるのは本人に自己治癒力があるからである。

3．安全・安心の場での肯定的理解

　人は、安全が保障され、安心して自分を表現できる場で、自分の存在が肯定的に認められて初めて自分の能力を最大限に生かしていくことができる。臨床心理学的かかわりにおいて、受容や共感、肯定的理解が強調されるのは、ありのままの自分を出しても大丈夫な場所で安心できる人に支えられることで、人はよりよい自分をめざして変わっていくことができるという信念に支えられているからである。「ありのままの自分」「そのままの自分」でよいというのは、自己肯定できることによって、発揮できていなかった自分の能力を生かすことができるようになり、自分らしく生きていく可能性が見いだされるからである。

　私たちは自分を理解してもらいたい時、この人なら安心して自分のことをわかってくれるのではないかという人に対してのみ、本音で話し、ありのままの自分が出せる。臨床心理学的かかわりを行う場合は、そういう教員・保育者として子どもや保護者とかかわれるかどうかが問われている。ただし、本人の誤った考えを共感的に肯定すると、その結果として、問題を起こす心理的要因を維持させてしまう危険性[12]があり、被害者としての気持ちを共感しすぎると被害者意識を増大させてしまう危惧[13]もあるので注意が必要である。

4．その人らしさの尊重

　人は誰一人として同じではなく、それぞれの個性をもって生活をしている。また、考え方や価値観も多様である。それらの個性や考え方は社会生活上好ましいものばかりとは言えないものもある。しかし、どのような人であっても人として尊重され、生きる価値がある存在として、その人らしく生きていくことを援助するのが臨床心理学的かかわりの基本となる。

3
●子どもへの臨床心理学的介入●

1 ── 臨床心理学的介入

1．臨床心理学的介入とは

　子どもへの臨床心理学的介入とは、臨床心理学の理論や方法を利用して、子どもたちの問題を解決あるいは改善し、よりよい生活のために役立ててかかわることである。

　子どもに心理的な問題があったり、医学上の疾病の診断を受けていたりしても、それはその子どもの一部であって、健康で健全な部分を併せもっているのが人間である。臨床心理学的介入においては、子どもが示している不適応症状の軽減、弱い能力や苦手な面を克服するための支援に加えて、心理的に健康な部分のエンパワーメント（empowerment）[*5]、強い能力や得意な面を伸ばす支援も含まれる。さらに、子ども本人がもっている身体的・心理的特徴や生活状況のなかで改善が難しい場合、子どもが自分の姿や現在の状況を受け入れて、その状況を抱えながら、自分らしく生きていけるように働きかけることも臨床心理学的介入である。

　介入するためには、問題を特定し、問題の成り立ちや問題維持のメカニズムを明らかにするアセスメント（assessment：見立て）（後述p.62）を行う必要がある。実際に介入をする際には、保護者（と年齢に応じて子ども）に介入方針の説明を行い、合意を得るインフォームド・コンセント（informed consent）が重要であり、介入する者の社会的責任として、自分の行う介入に対する説明責任（accountability：アカンタビリティ）を果たすことが求められる。

---

*5　その人のもっている力を引き出したり、力づけたりすること。

2．介入方法

　臨床心理学の介入方法としては、カウンセリングや心理療法に加え、心理教育、コンサルテーション（consultation）[*6]、サポートネットワークの形成[*7]、リファー（refer）[*8]など、多様な方法があり、多職種との連携も必要となってくる（後述p.65）。さらに、家族や学校などのシステムへ介入する場合もある。

　介入は子どもたちのよりよい生活をめざして行うものであるが、すでに述べたように、何がよいかについては多様な考え方が存在する。介入する人が子どもをどのように理解してどのような姿をめざそうとするのかによって介入方針は異なる。また、子ども自身がどうありたいと願っているのか、さらには保護者の願いによっても介入の方法は異なってくる。

　特に、発達の遅れや障害を抱えている子どもの場合は、抱えている障害そのもの（一次的な障害）ではなく、その障害に対する周りの人とのかかわりのなかで、二次的な情緒障害を起こしやすい。一次的な障害の改善は難しくても、二次的な情緒障害を防ぐ介入の方法を教員や保育者は考える必要があろう。さらに、ある症状を軽減させることで別の問題が出てくる場合があることも知っておかなければならない。また、症状を軽減することに加えて適応行動を教えることも介入の一方法である。唯一の正しい介入方法があるわけではない。それぞれの状況に応じてよりよい介入方法を選択することや、いくつかの介入方法を組み合わせた統合的介入を行うことも必要となってくる。

3．問題行動の意味

　臨床心理学的介入では、問題行動は、たとえそれが問題であっても何らかの役割を果たしていると考えて、問題行動のもつ意味を重視する。問題行動のみを介入の対象にはせず、その問題行動を形成し維持させているメカニズム全体を変えるための介入を考えていく。たとえば、指しゃぶりをなくすた

[*6]　ある専門性をもった専門家が別の専門分野の専門家に助言すること。
[*7]　ある子ども（保護者）を支援している者同士が協力関係を築くこと。
[*8]　専門家や専門機関を紹介すること。

めに、遊びを充実させることも、問題行動のメカニズムを変える介入方法の一例である。友だちに乱暴をする場合などは、本人に友だちとうまくかかわれるようなスキルを教えることと並行して、次のような介入を考える。本人の心理的安定のために保護者との関係改善を図る。保育者の本人へのかかわり方を変える。友だちの本人へのかかわり方を変える介入を行う。あるいは、設定保育のなかで友だちとしっかりかかわれるような保育内容を取り入れるなどが考えられる。

このように、問題行動のみを介入の対象にはせず、その問題行動を形成し維持させているメカニズム全体を変えるための介入を考えていくことが問題行動の意味を理解することである。また、家族療法のように、個人が出している問題行動を、その個人を取り巻く人たちの関係論的な問題としてとらえ、家族にとって、その問題がもつ意味を考えながら介入していく方法もある。

ここで、先生の話を聞かない（言語的指示が入りにくい）という問題行動がある子どもを考えよう。外見的には同じ問題行動であっても、その背景には、言葉の文脈的理解が苦手、聴覚的短期記憶が弱い、注意集中が困難、その場での不安が強いなど、その子どもそれぞれがもつ特性がある。年齢によっても問題行動の意味は異なる（後述p.63）。その子どもにとっての問題行動の背景や意味を理解しないで、問題行動を指摘して正す（たとえば「しっかり聞きなさい」などと指導する）だけでは、臨床心理学的介入とは言えない。

問題行動や症状は否定的なものとして受け取られやすいが、それらを出すことによって、子どもは自分の心の問題を周りの大人に知らせ、援助を求めているのである。一方で、問題行動や症状すら出せない子どももいる。たとえば、親から虐待を受けている場合、子どもは、自分が悪い子だからこんなふうにされてもしかたがないと感じていたり、あるいは、自分の力では何としても事態は変わらない、何かすれば事態はさらに悪くなるのではないかと思っていたりして、症状すら出せないでいることもある。虐待以外でも周りを気遣って症状を出せないでいる子もいる。したがって、問題行動や症状が出ていることは、それらを出せるまでに子どもが成長した、あるいは出せる

状況になったと考えることもできる。いずれにせよ、子どもの問題行動や症状を否定的なものとしてとらえるのではなく、子どもからのSOSとしてとらえ、子どもの心の問題に気づき、介入をしていく視点をもつことが重要である。

4．個別性の尊重

臨床心理学的介入で特に重要なことは、それぞれの事例を丁寧に分析して、その個別性に応じた介入をするということである。たとえば、自閉症という診断がついていたとしても、それぞれの子どもによってその症状や問題とされる行動は異なっている。診断名だけでわかったような気になって、教科書や啓発書に書かれている一般的な指導法を鵜呑みにしてかかわっていくことのないように留意する必要がある。一般的な指導法は、あくまで参考として、目の前の子どもの状態の具体的場面での様子をしっかり把握して、子どもや保護者の願いも踏まえたうえでその子どもに適した介入を行っていくことが求められる。

5．心理アセスメントの必要性

問題は何かということを「見立て」ることをアセスメント（assessment）といい、アセスメントの結果から問題解決に向けての方針を立て、問題に介入していく。どのような介入を行う場合も、介入の根拠となるアセスメントをしっかり行う必要がある。介入しながら介入が適切かどうか、介入によって子どもにどのような変化が見られたのかを常に検証し、次のアセスメントと介入に生かす必要がある。つまり、その介入結果に基づいて、介入方針の検討・修正を行いさらに次の介入を行うことを繰り返していく。アセスメントと介入は表裏一体であり、適切な介入を行うためには、適切なアセスメントが不可欠である。

心理アセスメントについては第8章で詳しく述べられるが、子どもの心の問題は子ども自身の問題だけではなく、子どもとかかわる大人の問題や養育環境の要因も含んだ関係性のなかで起きている。子どもの問題は、その子ど

も自身がもっている生物的要因（遺伝的要因や身体的要因など）に加えて、その子どもの対人関係や物事のとらえ方などの心理的要因、さらに、家族や生活環境、居住地域などの社会的要因が複雑に絡まって起きてきている。したがって、多次元的観点からのアセスメントが必要である。

2 ── 子どもへの臨床心理学的介入の留意点

1．発達しつつある存在

　子どもは今まさに発達しつつあり、変化の可能性が大きい。だからこそ適切な介入が求められる。人格構造も未分化で、大人に比べて心の状態と身体の状態がより密接な関係にあるため、心の問題が身体の不調となってあらわれやすい。子どもの心のメカニズムは、大人に比べると比較的単純なため、些細なことにおいても不調となりやすく、複雑な防衛機制[*9]は働きにくい。

　心の問題のあらわれ方や出現率は年齢により大きく変化し、年齢によって正常と判断されたり問題とされたりする。つまり、同じ症状でも年齢によってその意味するところは異なっている。たとえば、1〜2歳児では当たり前とみなされる指しゃぶりは、年長児になるとその背後に心理的問題があるのではないかと見なされようになる。同じように、低年齢では問題にされない夜尿も、年齢が上がるにつれて問題となってくる。しかしこの場合、何歳だから問題になるという断定的なとらえ方ではなく、子どもの発達には個人差があること、また、子どもの症状を問題とするかどうかについては、大人側の価値判断が入ること（たとえば6歳の夜尿を問題にする人と、全く問題にしない人がいるなど）も考慮して、子どもの症状の背景をよく理解したうえで介入する必要がある。

　子どもの症状は子どもの発達と密接に結びついているので、子どもの心の問題に対応するときは、子どもの発達状態を考慮する必要がある。たとえば、保育所や幼稚園に入園する際、母子分離が問題になるが、入園する時期によっ

＊9　自分の心の状態を守るために働くさまざまな心のしくみ。フロイトの言葉。

て分離の困難さは異なる。マーラー（Mahler, M.）のいう2歳前頃の「再接近期」[14]*10に母子分離を経験する子どもたちにとっては、分離による心の葛藤はほかの時期の子どもに比べ大きいだろう。また、言葉の発達が充分でなければ、自分の欲求を直接行動としてぶつけ、かみつきやたたくなどの行動が増えるであろう。このように、発達途上にある乳幼児は発達の各段階においてさまざまな一過性の症状を示す。それが発達上の一過性のものなのか持続性のあるものなのかを見極めることも重要である。

2．生涯発達の視点

子どもの発達の状態を考慮に入れる際には、子どもの現在の発達状態だけでなく、生涯発達の視点に立ち、子どもの心の問題もより長い目で見る姿勢が大切となってくる。私たちはその時点で目立つ症状にばかり気をとられがちになるが、そのとき問題になっていないことでも、後に問題となる場合がある。8か月頃の人見知り、1歳半頃からの自己主張、3歳前後の反抗などはそれまで素直でよい子だった子どもが、一見問題行動と見られるような様相を見せる。しかし、人見知りや自己主張、反抗期のなかった育てやすい子、あるいは、過剰適応をした、いわゆるよい子が、思春期、青年期で問題を呈することもあるのは周知のとおりである。保育者は乳幼児期という人生早期の短い期間だけ子どもとかかわることになるが、就学前だけでなく、その子どもの児童期、青年期、成人期も視野に入れて、乳幼児期の心の問題を考えていく姿勢をもちたい。

3．親子関係への介入

子どもは周りの大人の影響を受けやすく、保護者自身の人生観、成育歴、生活体験が子どもへのかかわりに大きく影響しているので、本人に対する介入ができなくても保護者に介入することで改善がみられることがある。乳幼児期は保護者のかかわり方が変化することで子どもの状態が変わる可能性が

---

*10　母親からの分離意識が強まるがそれと同時に依存対象とする側面をもつ時期。

大きいので、親子関係への介入も大切な方法である。

　子どもが問題行動を起こした場合、教員・保育者は保護者との協力関係が子どもの問題解決につながることを期待して保護者とかかわる。保護者に子どもの様子を伝えることは、教員・保育者として当然である。しかし、アセスメントに裏打ちされない安易な親子関係への介入によって、保護者は自分の養育を否定されたように感じたり、防衛意識や罪悪感を強めたりするおそれがあり、問題の解決につながらない場合もある。臨床心理学的介入とは、園での子どもの状態だけでなく、親子関係や家族の状況など、多次元的観点からのアセスメントをしたうえでかかわることを意味する。

3 ── 同僚や専門機関との連携

１．子どもにかかわる人の共通理解

　子どもは多くの人に支えられて成長する。特に、教育や保育の場では１人の子どもにさまざまな人がかかわる。子どもの問題の解決には、子どもの生物学的側面、心理的側面、社会的側面など、多様な面からのかかわりが必要である。また、既述したように、コンサルテーションやサポートネットワークの形成など多職種と協力して行う介入方法もある。そのため、１人で抱え込まず、多職種の人たちとの協働が不可欠である。そして、臨床心理学的介入が功を奏するためには、子どもにかかわる人たちの共通理解が大前提となる。

２．関係機関への紹介

　医療機関や専門機関などの関係機関を紹介する（refer：リファー）時は、保護者が「見捨てられ感情」をもたないような配慮が必要であり、関係機関が相互に連携し協力して援助していくことが重要となる。医療機関や専門機関への紹介が子どもにとって必要であったとしても、保護者や家族の同意が得られない場合もある。解決を急ぎすぎず、各家族の状況に即した介入が求められる。

【引用文献】
1) 本郷一夫「臨床発達心理学の専門性とは何か：現状と課題」麻生武・浜田寿美男編『よくわかる臨床発達心理学』ミネルヴァ書房　2005年　p.17
2) 厚生労働省編『保育所保育指針』フレーベル館　2008年　p.179
3) 武井麻子『ひと相手の仕事はなぜ疲れるのか　感情労働の時代』大和書房　2006年
4) 諏訪きぬ監修『保育における感情労働』北大路書房　2011年
5) 厚生労働省編『保育所保育指針』フレーベル館　2008年　pp.15-16
6) 戸田雅美「保育行為の連携をめぐる問題の構造」保育学研究46(2)2008年　pp.65-75（p.66）
7) 高橋雅春・高橋依子著『臨床心理学序説』ナカニシヤ出版　1993年　p.9
8) 下山晴彦『臨床心理学をまなぶ①　これからの臨床心理学』東京大学出版会　2010年　pp.25-39
9) 前掲書8)　pp.34-35
10) 前掲書8)　p.29
11) 前掲書8)　p.29
12) 下山晴彦『臨床心理アセスメント入門』金剛出版　2008年　p.94
13) 神田英雄『保育に悩んだときに読む本』ひとなる書房　2007年　p147
14) Margaret. S. Mahler・Anni Bergman・Fred Pine著（高橋雅士・浜畑紀・織田正美訳）『乳幼児の心理的誕生』黎明書房　1981年　pp.90-127

挿絵：川窪麻衣（桜花学園大学保育学部2012年度卒業生）

第5章 心理療法の基礎理論

1 ●心理療法●

　心理療法を定義することは非常に難しい。ここでは、障害や問題となる行動、不適応的症状に悩む人々に対して、心理学的知識や技術を駆使してそれらの問題を解決し適応的な生活を送れるよう援助する活動と広く定義しておこう。

　心理療法は富士登山に似ている。富士山頂という最終目的地を目指すのだが、さまざまな登山口があり、そのスタート地点も異なれば途中の登山道の特徴や様相もそれぞれ異なるというように、心理療法のアプローチの仕方はさまざまなのである。換言すると人間の適応的で幸福な生活をめざすという最終目的は同じでも、そこに至る途中の心理学的援助のあり様はさまざまなのである。

　現在まで数多くの心理療法が実践されているが、これらはおよそ3つの理論に整理することができる。精神分析理論と行動理論、それに自己理論である。これらの3つの理論を以下の点を意識しながら、誤解を恐れずに記述していくことにしよう。なお、③と④は第6章で治療論と関連して述べられる。

　①人間観……人間をどう見るか、どう考えるか。
　②性格論……性格はどのように形成され、どのような構造をしているのか。
　③病理論……問題となる行動はどうして起こるのか、その発症機序（メカニズム）は何か。
　④治療目標…どのような状態をめざして治療を行うか、「治る」とはどのような状態か。

2
●精神分析理論●

1 ── 精神分析理論の人間観

　精神分析の創始者フロイト（Freud, S.）は、1885年以来ヒステリーに対する催眠や神経症への自由連想などの治療経験を通して、彼独自の壮大な理論を生み出していった。

　彼は、人間を基本的にはイヌやネコとそれほどかわらない生き物と考えている。人間には生まれつき本能と呼ばれるものが備わっており、この本能に突き動かされるように行動する、すなわち、人間は本能を充足するために行動すると考えるのである。この本能を充足する際の原理になるのが、快楽原則（pleasure principle）である。つまり、「食べたいときに食べる、寝たいときに寝る」といった心理である。しかし、このような快楽原則だけで生きていくと、世のなかとの衝突を繰り返す結果となってしまう。そこで、人間はまわりの状況と折り合いをつけて、うまく生きていこうとするようになる。すなわち、快楽原則を満たしつつ、現実原則（reality principle）にしたがって衝突を避けて生きていこうとするようになるのである。これは、「いやだけど、しようがないからやる」心理ということができよう。さらに、快楽原則を満たしつつ、現実原則にしたがって生きていくだけだと、いわゆる「お調子者」といわれてしまうことになりかねない。そこで、人間は行動の一貫性、毅然たる態度、精神的崇高性といったもの（ここでは「良心」としておく）を身につけていかなければならない。「よりよく生きる」心理である。

　このように精神分析では、快楽原則から現実原則にしたがって、さらには良心をもった存在へ次第に成長していくのが人間であると考えている。

2 ── 精神分析的性格論

　精神分析では性格をどう考えるか（精神分析的性格論）という場合、4つ

の観点があるといえよう。①性格はどう形づくられていくか（性格形成論）、②性格はどのような構造をしているのか（性格構造論）、③性格はどう作動しているか（性格力動論）、④性格の偏りぐせは何に起因するか（コンプレックス論）である。本項では、①と②について述べていくことにしよう。

1．性格形成論

　性格はリビドー（精神的エネルギー、フロイトは特に「性的衝動」としている）が人生のふし目ふし目でどう満たされたかによって決まるとしている。精神分析理論では人生のふし目を以下のように考えており、簡単に述べてみることにしよう（p.23参照）。

- **口唇期**（oral stage）…誕生から離乳までの時期である。授乳という象徴的な出来事を通じて、愛情を一方的にたっぷりと受け取るという体験をする時期である。前述の本能をひたすら充足させていく時期であり、この時期に授乳を拒否されることは、愛情を拒否されることに通じる。したがって、十分な授乳体験をもたせることが、後年必要とされる安定的な対人関係の基礎をつくりあげていくことになる。
- **肛門期**（anal stage）…離乳がすんでから幼稚園に入園するころまでである。この時期はトイレットトレーニングの時期と重なり、定められた時と所で排泄するということを通じて我慢することと手放すこと（セルフ・コントロール）を学んでいく。したがって、母親のしつけのタイミングやそのやり方がパーソナリティの形成に強く影響すると考えている。
- **男根期**（phallic stage）…幼稚園期のころである。精神分析的には男根（ペニス）は、力の象徴である。男根期には、男の子はペニスを誇り、ペニスのない女の子は男根羨望（penis envy）をもつことになる。しかし、女の子はペニスがないけれども自分は子ども（力の象徴）を産めるといった女性感情を同時に獲得していくと考えている。すなわち、子どもが男女の性の区別を理解していく時期ということができる。特に、男根期後期はエディプス期（oedipal stage）と呼ばれ、異性の親には愛着を覚え、同性の親には敵意を感じるといった複合した体験をする時期があるとしている。こ

のことを通して、男の子はより男の子らしく、女の子はより女の子らしくなっていくことになる。ところが、このような体験をうまく処理できず、いつまでも異性の親に固着してそれ以外を愛情の対象としなくなる場合がある。これはエディプス・コンプレックス（Oedipus complex）と呼ばれ、精神分析の鍵になる概念の1つである。

・**潜在期**（latency period）…小学校期のころである。小学校に入学するようになると、生活の場で必要とされる社会的規範（社会的ルール）の学習や知的活動にエネルギーを注ぎ、子どもは社会化をすすめていかなければならない。そのためには、本能的な欲求を抑制し、現実的なやり方にしたがわなくてはならなくなるのである。このようなことから潜在期といわれている。

・**性器期**（genital stage）…中学校以降の青年期のころである。青年期には性感情が生じてくることからこの名があるといわれている。精神分析では、口唇期、肛門期、男根期、潜在期の問題をうまく乗り越えてはじめて達する段階であると考えている。このことを一口でいうなら、罪悪感や不安感をもつことなく異性と感情交流できるようになった状態であり、精神分析がめざす段階でもある。

2．性格構造論

　精神分析では性格は3つの部分から構成されていると考える。イド（id）またはエス（Es）と、自我（ego）、それに超自我（super-ego）である。そしてこの3つの部分のバランスがどうなっているかという見地から性格を考えている。

・**イド**…本能的欲求で、快を求め不快を避ける快楽原則に支配されており、無意識的であるという特徴をもっている。その働きは、非論理的で非現実的な思考や不道徳で衝動的な行動をもたらす一方、バイタリティの源泉にもなっている。

・**自我**…イドの際限のない快楽の追求が意識におよんで現実の世界（外界）にあらわれようとすると、さまざまな困難や不都合が生じてしまう。そこで外界の現実原則にしたがって判断・調整をする機関が必要となる。この

役割を担うのが自我である。ひと口でいうと現実的な判断をする部分ということができる。

自我は、あらゆる現実からの要請にあわせてイドの本能的欲求を抑えコントロールしていかなければならず、イドと衝突を起こして葛藤を生じることもある。

・**超自我**…自我の一部が無意識化していって、行動をコントロールするようになる部分が形成されていく。これが超自我である。超自我は、通常「良心」や「道徳心」と呼ばれる部分であるが、これは養育者（あるいは両親）のしつけと呼ばれる行為を通して子どもに次第に形成されていく。したがって、養育者の価値観や文化に強く影響されるという特徴をもっている。

後年、オールポート（Allport, G. W.）はこれら三者の関係を図5－1のようにわかりやすく図に示している。

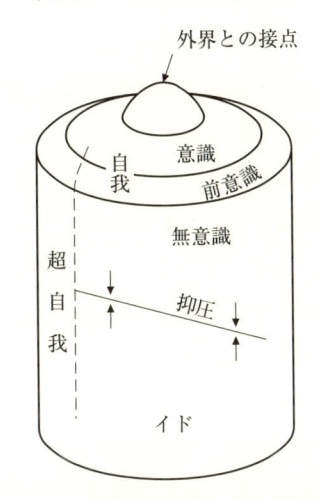

図5－1　精神分析理論による性格の構造
（オールポート，1962）

3　●行動理論●

1── パブロフ、ソーンダイクそしてワトソン

現代の行動理論の源流は2つある。1つは、ロシアの生理学者パブロフ（Pavlov, I. P.）のイヌの唾液分泌反応を取り扱った「条件づけ」であり、もう一つはアメリカの心理学者ソーンダイク（Thorndike, E. L.）のネコを使った、問題箱の実験から導き出された「効果の法則（low of effect）」である。

パブロフの行った実験の概略は次のようなものである。まず、腹を空かし

たイヌに餌を与える。すると自然の生理現象としてイヌは唾液を分泌する。このときの餌が「無条件刺激」、唾液分泌が「無条件反応」である。さて、ここでベルを鳴らし、その直後に餌を与えるといった手続きをイヌに数試行経験させる。するとイヌはベルを聞いただけで唾液を分泌するようになる。このときのベルを「条件刺激」、ベルによって引き起こされた唾液分泌を「条件反応」と呼んでいる。このように、イヌにベルを聞かせただけで唾液を分泌するようになったとき、「条件づけられた」あるいは「条件づけが成立した」というのである。

このパブロフが行った条件づけの実験には、以下のようなポイントがある。それは有機体（この実験ではイヌ）には、いわゆる主体性を認めないという点である。すなわちイヌは、刺激（Stimulus；S）に対してただ受動的に反応（Response；R）するだけなのである。SとRが時間的に接近した形で何度か試行が経験されると、両者には連合が成立し、行動がある程度永続的に変化するのである。

そのころ、アメリカのソーンダイクは別の実験を行っていた。彼の実験では空腹のネコが用いられた。このネコがある箱に入れられる。箱には機械的仕掛けが施してあり、ネコがなかの紐につけられたペダルを踏みつけると扉が開き、箱の外に用意してある皿にのった餌にありつけるようになっている。はじめてこの箱に入れられた空腹のネコは、あばれ、引っかき、泣き声をあげたりする。しかし、ネコは偶然に紐につけられたペダルを踏みつけ、扉を開けることができる。外には餌の皿が待っているのは当然である。

同じネコにこのような手続きで実験を繰り返しているとき、彼はある事実を発見した。それは、ネコが試行を重ねるにしたがって、次第に効率よくペダルを踏みつけ、箱の外の餌を口にするようになっていくという事実であった。つまり、ネコが試行錯誤している間に、その事態（S）と満足につながる反応（R）は強く結合していくことを見出し、これを「効果の法則」と呼んだのである。そして、このように行動が変容していくプロセスを「試行錯誤学習（trial and error learning）」と命名した。このような、実験的事実は、後年の新行動主義者たちの理論に生かされていくことになる。

その後、前述のパブロフの研究に強く影響されたアメリカの心理学者が登場する。ワトソン（Watson, J. B.）である。彼は当時の意識を対象とした内省法による伝統的心理学と真っ向から対立し、心理学が科学として自律性を確立するためには、客観的に観察可能な行動をもっぱらその対象とすべきであることを強調したのである。そして、彼は、パブロフの条件づけ理論を単純にそのまま応用して、あらゆる行動を刺激と反応の結合（S－R結合）としてとらえようとした。素質を軽視というよりもむしろ無視して、極端な環境主義の立場をとったのである。これを「行動主義（behaviorism）」と呼んでいる。ワトソンには有名なエピソードがある。彼は「私に1ダースの子どもを与えよ。いずれの子どもも諸君の注文通りの子どもにしてみせよう」と豪語したというのである。このような極端なワトソンの主張は「ワトソニズム（Watsonism）」とも呼ばれている。

2 ── 新行動主義

ワトソンに代表されるようなS-R理論では、すべての行動を説明するのは困難であることが次第に明らかにされ、少しずつ修正されていった。すなわち、SとRの間に有機体（Organism）内部の欲求や習慣などの媒介変数を積極的に認め、その主体性を重視しようとするS-O-R理論が登場することになっていくのである。これを「新行動主義（neo-behaviorism）」という。ハル（Hull, C. L.）やスキナー（Skinner, B. F.）、それにトールマン（Tolman, E. C.）などの研究者たちである。このなかでは、認知説に立つトールマンは割愛し、連合説に立つハルとスキナーの理論について簡単に触れておくことにしよう。

ハルの理論は次のようなものである。有機体は環境に適応して生存することを目的とする。その目的が阻止されると、ある欠乏の状態となって欲求が生じる。有機体はこの欠乏を満たすことによって欲求の解消をはかろうとする。このような行動が強められ（強化され）、習慣として形成されていくとするのである。ハルは、パブロフの条件づけもソーンダイクの試行錯誤学習も

このような考え方で説明がつくと考えている。2つの学習のタイプは一元化できるとしたのである。

これに対して、同じ連合説に立ちながらも、スキナーはこれらを二元化して考えようとした。彼によると有機体の反応は二つに分類される。一つは条件づけのような刺激によって反応が誘発（elicit）される場合で、レスポンデント（respondent）と名づけられている。もう一つは、反応が自発（emit）される場合で、オペラント（operant）と名づけられている。そして、それぞれが条件づけられていくプロセスをレスポンデント条件づけ（respondent conditioning）とオペラント条件づけ（operant conditioning）と呼んでいる。レスポンデント条件づけでは、刺激（S）が重視され、接近の原理が働く。オペラント条件づけでは、オペラント反応にある刺激を随伴提示すると、当該のオペラント反応の生起頻度が増大し「強化」されるが、ここではこの強化が重視されるのである。このようなスキナーの立場は、記述的行動主義と呼ばれ、刺激を操作し、それによってどのように行動が変化するかを綿密に記述しようとする。そして、両者の関係から行動を予測したり制御したりしようとするのである。

ところで、これら2つの条件づけは、古典的条件づけ（classical conditioning）と道具的条件づけ（instrumental conditioning）とも呼ばれており、「学習」関連の文献にあたることでさらに深く学ぶことができるであろう。

3 ── その後の行動理論

これまでの行動理論は、すでに述べてきたように主に動物を用いた実験から得られた知見をもとにして理論が構成されてきたといってよい。しかし、人間をはじめとする比較的高等な有機体に起こる特有な学習のあるタイプが存在するのではないかということに気づきはじめていくことになる。1940年代のミラーとダラード（Miller, N. E., & Dollard, J.）の模倣学習（imitation learning）、1960年代以降のバンデューラ（Bandura, A.）の観察学習（observational learning）の研究にみられる社会的学習理論がそれである。ここ

ではバンデューラの研究を概観するが、ここには2つのポイントがある。

観察学習では、自分自身が直接に経験しなくとも他者（モデル）の行動を観察することによって、その行動型を習得することが可能である。これが第1のポイントである。この場合、モデルは必ずしも人物ばかりでなく、言語あるいは映像で表現された行動も観察学習の対象となる。第2のポイントは、観察学習では外部から強化を受けなくとも新しい行動型を学習することができるということである。観察学習は、バンデューラが社会的学習理論を提唱する上で中心にすえた学習であり、モデルを観察することによってある反応を習得することからモデリング（modeling）とも呼ばれている。このように、観察学習では従来の行動理論が重要視してきた概念が必ずしも重要でなくなったり、必要でなくなったりしてきている。それと同時に従来無視されてきた認知の問題が大きくクローズアップされてきているのである。

このような傾向は近年の行動理論でも認められるようになってきており、行動変容のプロセスに認知を積極的に媒介変数として取り入れ、それによってより合理的に行動変容を説明しようとする認知行動理論へシフトしてきている。

4 ── 行動理論の人間観と性格論

ここで改めて行動理論の人間観と性格論を整理しておこう。すでに述べたように、行動理論では基本的には刺激と反応の結合によって人間の行動が形成されると考えている。白紙のような状態で生まれた人間が、環境とのやりとり（刺激と反応の結合）を繰り返すなかで、適切な反応も不適切な反応も学習によって獲得していくと考えているのである。それと同時に、人間にはこれらのことを学習していく能力が本来的に備わっていると考えている。これが行動理論の人間観である。性格も同様で、刺激と反応の結合の集合体が性格なのである。したがって、行動理論的には子どもを養育する大人の価値観、行動的規準や文化的様式に強く影響されるといえよう。なぜならば、大人たちはこれらのものに基づいて子どもを養育しようとするからである。

4
●自己理論●

1 ── 自己理論の人間観

　自己理論（self-theory）とは、ロジャーズ（Rogers, C. R.）によって1940年代初頭に創始されたクライエント中心療法（client-centered therapy）の基礎理論のことである。

　ロジャーズは、人間はそもそも生物的なものであり、その全体を有機体（organism）と名づけている。そしてこの有機体は、ある先天的な傾向をもった存在であると考えている。その先天的傾向とは"自己実現への傾向"である。フロイトのような衝動的でわがまま勝手な傾向はない。歩きはじめた子どもが転んでもなおかつ起き上がって歩こうと努力するように、自己を実現し、維持し、促進していこうとする生来的な傾向があるとするのである。これがロジャーズの自己理論における人間観である。自己理論にはあと2つの重要なポイントがある。それは「自己（self）」と「自己概念（self concept）」である。前者は、有機体が成長の過程で環境との間でやりとりをしていくうちに自他の区別をしていくようになるが、その結果獲得するようになる自意識のことをいう。また、後者の自己概念とは「自己が自己をどう評価しているか」（自分がもっている自分のイメージ）をいう。客観的には太っていない場合でも、"自分は太っている"と自分が自分で評価している場合には、「自己概念」としては太っているのである。したがって、このような場合には自己概念を変えていくのが治療の目標となる。このようにロジャーズの自己理論は、彼の治療法と不即不離で強く結ばれているといえる。

2 ── 自己理論からの性格論

　ロジャーズの性格論の中心概念は3つある。「現在の場の経験が行動を決定する」という考え方、自己概念、自己一致である。以下簡単に述べよう。

- **現在の場の経験が行動を決定する**…自分自身の目でみえる現在のその場の世界をどう受け取っているかという受け取り方の世界、主観の世界、認知の世界、意味づけの世界こそが本当のわれわれの世界であり、その受け取り方こそが行動の源泉となり、われわれを突き動かしていくとする考え方である。このような考え方は現象学と呼ばれることから、ロジャーズの自己理論は現象学的自己理論と呼ばれることもある。

- **自己概念**…自分に対する自分の受け取り方のことをいう。前にも例として挙げたが、客観的には太っていない場合でも、"自分は太っている"と自分が自分で受け取っている場合には、自己概念としては太っているのである。したがって、このような場合はやせる努力をするという行動をとることになるし、"自分は太っていない"という自己概念をもつ場合にはこのような努力を払わないということになる。このように自己概念が行動（性格）の決め手になるのである。

- **自己一致**…事実に則した自己概念をもつことである。換言すると、主観的な自分と客観的な自分が一致した状態をいう。再び太った例を考えてみよう。この例では"客観的には太っていない"のであるが、"主観的には太っている"と思い込んだ自己不一致な状態にある。客観的な自分と主観的な自分が一致していないのである。自己理論ではこの自己一致が重要な鍵になる概念であり、自己一致した状態が理想であると考えている。

【参考文献】

国分康孝『カウンセリングの理論』誠信書房　1980年

祐宗省三・春木豊・小林重雄編『新版行動療法入門』川島書店　1984年

加藤義明・中里至正・鳴澤實編著『入門臨床心理学』八千代出版　1989年

佐治守夫・飯長喜一郎編『ロジャーズ　クライエント中心療法』有斐閣　1983年

デカーヴァロー, R. J.（伊東博訳）『ヒューマニスティック心理学入門』新水社　1994年

アクスライン, V. M.（小林治夫訳）『遊戯療法』岩崎書店　1959年

第6章 さまざまな心理療法

1 はじめに

　心理療法（psychotherapy）とは、心に問題を抱えて来談した人（クライエント）に対して心理的援助と治療をすることである。医師が医学を土台にして実施する場合を精神療法、心理士が臨床心理学を土台にして実施する場合を心理療法と区別することもある。また、比較的軽い心の問題を扱うものをカウンセリングとする場合もあるが、本章ではこれらを区別せずに「心理療法」として解説する。

　心理療法は、精神分析に始まり、その後クライエント中心療法や行動療法が開発されていった。これまでさまざまな心理療法が開発されてきているが、本章では伝統的な心理療法（精神分析、クライエント中心療法、行動療法）に加え、最近わが国で注目され始めてきた認知行動療法を紹介し、さらに現在海外で注目を集めているマインドフルネス認知療法について紹介していく。

　また、対象を子どもに限定した心理療法も最後に述べることにしよう。

2 精神分析療法（psychoanalytical therapy）

　精神分析は、フロイト（Freud, S., 1856-1939）によって提唱された心理療法である。基本的には、自由連想法を用いて1回50分のセッションを週3〜

表6-1 抵抗の種類

抑圧（防衛）抵抗	無意識に押し込まれている葛藤や記憶を意識化しないようにする抵抗
転移抵抗	クライエントの葛藤がセラピストに対する転移として再現されることで生じる抵抗
疾病利得抵抗	症状が存在することで、それを生じさせる原因を自覚しなくてすむのが一次的疾病利得抵抗であり、症状があることで周りから得られる配慮やメリットを二次的疾病利得抵抗という
反復強迫抵抗	治療が進み、クライエントの無意識のなかにある葛藤が意識化される途上で、再び元の状態に戻ってしまう抵抗
超自我抵抗	クライエントの超自我が強すぎるために、自己批判的状態から解放されない

5回実施する。また、自由連想的対話を用いて、1回50分のセッションを週1〜2回実施する精神分析的心理療法（psychoanalytic psychotherapy）もあるが、ここでは両者の区別をせずに記述していくことにしよう。

精神分析では、無意識に押し込まれている葛藤を意識化することに焦点があてられる。そのために、治療開始時にセラピストとクライエントの間で治療契約が結ばれ、セラピストとクライエントの役割（内的治療構造）を明確にし、それを保障するために面接回数、期間、料金など（外的治療構造）の設定がなされる。セラピストはクライエントに対して自由に心のなかに浮かんだものを話すように促し、その際クライエントの話す内容や言外の内容に対して先入観や推測を排除した平等に漂う注意（evenly suspended attention）を向けるようにする。治療が進むにつれて、クライエント側に抵抗（resistance）や転移（transference）が生じてくることがあるが、重要な情報がそこで表現されている場合が多い。抵抗とは、無意識のなかに抑圧されていたものを意識化する際、自我を防衛するためにクライエント側に現れる現象のことで、大きく分けて5つに分類される（表6-1）。

転移とは、クライエントがそれまで抑圧していた葛藤や衝動をセラピストに向けることをいう。中立の立場を守っているセラピストを強く批判したり、敵意を向けてきたりするのを陰性転移（negative transference）、強く好意を向けることを陽性転移（positive transference）という。逆にセラピストがク

ライエントに対して、いろいろな感情をもつことがある。そのような感情を逆転移（counter transference）という。十分に訓練を受けたセラピストにも逆転移が生じることがある。このような場合は、治療関係やクライエント自身の問題が影響している可能性がある。

精神分析では、解釈技法を重視しており、それは3つのプロセス（明確化、直面化、解釈）に分けられる。まず治療過程において、まずクライエントの心のなかにある重要な部分や問題点をセラピストが質問をすることで浮き彫りにする明確化が行われる。次に浮き彫りになったものにクライエントの注意を向けさせ、直視させていく直面化が行われる。その後、セラピストからの言語的介入によりクライエントの気づきが促されるのが解釈である。

なお、精神分析では治療終結の時期を症状がなくなった時点とは考えず、エス・超自我・外界から自我が自律性を保つまでと考えているため、治療が長期になりやすい。

〈まとめ〉

精神分析は、他の心理療法を実施した場合でも起きる可能性がある転移や抵抗などの現象を上手に説明し、複雑な心の構造や動きを詳しく解説している点で心理療法の発展に多大な功績を残したといえる。しかし、治療には1〜3年継続する必要があるなどクライエントに大きな負担をかける割に、現時点では治療効果に関するエビデンスに乏しく、今後の効果研究が望まれる。

3 クライエント中心療法 (client-centered therapy)

クライエント中心療法は、ロジャーズ（Rogers, C. R., 1902-1987）が提唱した心理療法である。ロジャーズは、臨床現場で当時「患者」と呼ばれていた相談者を"自発的にサポートを受ける"という意味の「クライエント（来談者）」と呼び、治療者と治療を受ける人との関係に大きな転換をもたらした。ロジャーズのアプローチは、非指示的療法（non-directive therapy）、クライ

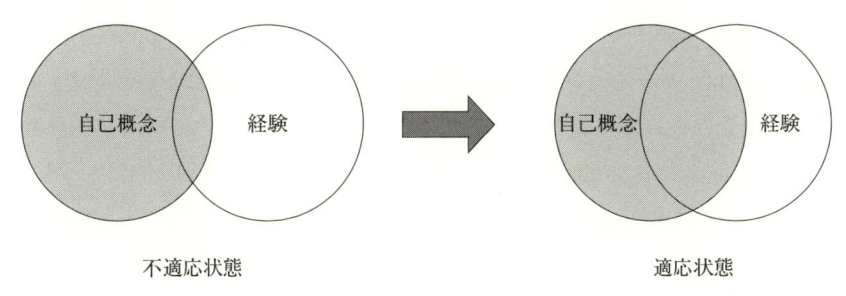

図6-1　全体的パーソナリティー

（不適応状態　→　適応状態）

エント中心療法、体験過程療法（experiential therapy）、エンカウンター・グループ（encounter group）、パーソン・センタード・アプローチ（person-centered approach）へと変化していったが、ここではクライエント中心療法に焦点をあてて解説する。

クライエント中心療法では、上記のように重なり合う2つの円（「自己概念：理想とする自己像」と「経験：現実の自己像」）の変化を治療の目標としている（図6-1）。つまり、自己一致（円の重なっている部分）を増すことで十分に機能する人間（fully functioning person）を目指す。

クライエント中心療法では下記の6つの条件が治療上必要であるとしている（表6-2）。

セラピストに必要とされるのは3～5の条件であり、3の自己一致（self congruence）とは、セラピストがクライエントに対して偽りのない自分であ

表6-2　治療の基本条件

1	クライエントとセラピストが心理的に接触していること
2	クライエントは、不一致の状態にあり、傷つきやすく、不安な状態にある
3	セラピストは、この関係のなかで一致しており、統合されている
4	セラピストは、クライエントに対して、無条件の肯定的配慮を経験している
5	セラピストは、クライエントの内的枠組みに共感的理解を経験しており、そしてその経験をクライエントに伝達する努力をしている
6	セラピストの共感的理解と無条件の肯定的配慮をクライエントに伝達することが、最低限達成されること

ろうとする姿勢をいう。4の無条件の肯定的配慮（unconditional positive regard）とは、クライエントの発言や態度が肯定的、否定的にかかわらず、そのままを受け止めていこうとするセラピストの姿勢をいう。5の共感的理解（empathic understanding）とは、クライエントの気持ちをセラピストがあたかも自分のもののように感じ取る姿勢をいう。そして、これらの条件がそろえば、クライエントは自分自身で成長することができると考えられている。

〈まとめ〉

　クライエント中心療法が強調しているセラピストの基本姿勢は、どの心理療法でも必要とされる姿勢である。この基本姿勢を明確にした点、心理治療におけるクライエントの役割を高めた点などで、心理療法の発展に大きな貢献をしたことは間違いなく、現在でも多くのセラピストがロジャーズの影響を受け続けている。

4
●行動療法（behavior therapy）●

　行動療法とは、学習理論（learning theories）の立場から不適応行動や症状の改善を図る心理学的な介入の総称のことである。精神分析やクライエント中心療法とは異なり、創始者はいないが、アイゼンク（Eysenck, H. J., 1916-1997）が1959年に行動療法という言葉を用いて以来、この名称が使用されるようになった。現在、行動療法には主に3つの学習理論をもとに開発された技法がある。下記で紹介しよう。

1 ── レスポンデント条件づけ（respondent conditioning）

　レスポンデント条件づけの代表例としてパブロフ（Pavlov, I. P., 1849-1936）の研究が挙げられる。彼は、犬にメトロノームを聞かせながら餌を与えるのを繰り返すことで、犬がメトロノームを聞くだけで唾液を分泌することを示した。この学習理論を応用した代表的治療技法に系統的脱感作法

と暴露法がある。

1．系統的脱感作法（systematic desensitization）

　ウォルピ（Wolpe, J., 1915-1997）が開発した技法である。この方法は、特に神経症的不安を軽減・消去するのに用いられる。不安反応に拮抗する弛緩反応を利用することによって、不適応的な不安−反応習慣を徐々に弱めるために用いられる。具体的には、クライエントに筋弛緩を行わせて、不安を生理学的に抑制した状態にして、弱い不安を起こす刺激を数秒提示する。不安刺激提示の反復によって、刺激は徐々に不安を起こす力を失う。ついで、「より強い」刺激を同様に提示していき、結果的には不安反応を消去する方法である。この時、弱から強の刺激配列にはあらかじめ作成された不安階層表における自覚的障害単位（subjective unit of disturbance: SUD）が用いられる。

2．暴露法（exposure）

　刺激が繰り返されることで応答性が低下することを馴化（habituation）というが、この現象を利用して、不適切に過剰な不安反応が見られる場合の治療に用いる。不安喚起刺激に暴露をする前に、十分な心理教育をしておく必要がある。その際、図6−2のヤーキス・ドットソン曲線（Yerkes-Dodson Curve）を提示しながら、不安は敵視する感情ではなく、完全になくす必要もないことも伝えておく。いきなり強い不安喚起刺激にクライエントを曝すフラッディング（flooding）という技法もあるが、現在では段階的に不安喚起刺激のレベルを上げていく段階的暴露（graded exposure）の方が臨床現場で選択される場合が多い。なお暴露の際に、クライエントが安全保障行動（safety behavior）をすることで不安喚起刺激から回避しないように指導すると、よりよい効果が得られる。

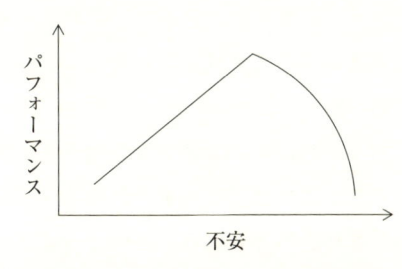

図6−2　ヤーキス・ドットソン曲線

2 ── オペラント条件づけ（operant conditioning）

　オペラント条件づけの代表例としてスキナー（Skinner, B. F., 1904-1990）の研究が挙げられる。彼は、レバーを押したネズミに餌を与えることで、ネズミが自発的にレバーを押すように学習することを示した。この理論では、個体の環境への自発的な働きかけとそれに付随する強化（reinforcement）が重視される。この学習理論を応用した代表的治療技法として、シェイピング（shaping）がある。これはクライエントが難易度の低い行動から徐々に取り組み、最終的に目標となる行動ができるように強化を与えながら援助する技法である。特に、自閉症児や知的障害児の言語形成には効果があり、適切な言語が生起したら正の強化子（例：お菓子や褒め言葉）を与えて、スモールステップで目標に近づけるように援助する。

3 ── 社会的学習理論（social learning theory）

　モデルと同じ行動をした時に強化を受けることで学習が成立することを主張したミラー（Miller, N. E., 1909-2002）の考えを発展させたバンデューラ（Bandura, A., 1925-）は、モデルの行動を観察するだけで学習は成立するというモデリングを提唱した。これは自分以外の人（モデル）の行動とその結果（代理経験）を観察することによって新たな行動の獲得を可能とするものである。最初はうまくできないが、次第に上手になっていくモデルを示す方法（コーピング・モデル）や最初から上手にできるモデルを示す方法（マスター・モデル）があるが、観察した後に実際にクライエントが直接経験する方法（参加モデリング）をとると学習効果がより高くなる。また彼は、自己効力感（self-efficacy）という個人内の認知変数の存在も主張した。これは、ある課題に対して必要な行動をする能力があるという信念である。うつ病の患者はこの自己効力感が低くなっており、治療ではこの変数を高める介入がなされることもある。このようなアプローチは、次に紹介する認知行動療法の発展に大きな影響を与えていった。

〈まとめ〉
　心理学は心の科学である。この立ち位置を明確に自覚し続けたことで発展してきたのが行動療法である。つまり、同じような症状・疾患に対して同じような手続きで介入することで同じような客観性のある結果が得られるという再現性を重視してきた心理療法である。行動療法家はこのような姿勢を一貫して保持し、治療効果に関する研究を重ねることで、より効果の高い技法を次々と誕生させてきた。この点で、心理療法の発展における行動療法の貢献度は非常に高いといえる。

5 認知行動療法 (cognitive behavior therapy: CBT)

　1970年頃から観察可能な「行動」だけではなく、思考などの「認知」も扱う認知行動療法が大きく発展してきたが、その代表例がベック（Beck, A. T., 1921-）によって提唱された認知療法（cognitive therapy）である。ここでは、認知療法に焦点をあてて解説する。

1．認知療法
　ベックによって提唱された認知療法は、気分障害の治療から始まったが、現在では不安障害、パーソナリティ障害、摂食障害などへも適用が広がっている。治療にあたっては、環境と個人内変数（認知、感情、行動、身体）が相互に関係しているモデル（図6－3）をもとに、問題の理解と介入を行う。
　認知療法では、この「認知」の部分には3段階の認知の歪み（cognitive distortions）が存在すると仮定している。
①スキーマ（schemata）
　スキーマとは、心の深層部に存在し、情報収集・処理に定常的に影響を与え続ける蓄積された知識の集合体で、幼少期に獲得されると考えられている。適応的なスキーマをもった個人は、さまざまな出来事を現実的に解釈するこ

とができるが、不適応的なスキーマをもった個人は、否定的に歪曲した解釈をし、その結果さまざまな心理学的な障害を引き起こすことになる。特にうつ病患者には、抑うつスキーマ（depressive schemata）があり、この抑うつスキーマが活性化されることで推論の誤りを引き起こす（表6－3）。

②**推論の誤り（logical thinking errors）**

抑うつスキーマがあることで、さまざまな事柄を否定的に推論しがちになる。推論の誤りには、幾つかのカテゴリーがある（表6－3）。

③**自動思考（automatic thoughts）**

推論の誤りの結果、心の表層部に自動思考が出現することになる。この自動思考とは、自分の意思とは関係なく、自動的にポップアップしてくる否定的な思考のことである。内容が否定的に歪曲しているため、否定的な感情を生み出したり、問題を解決しようとする行動を起こしにくくさせたりする（表6－3）。

このような否定的に歪んだ認知は、クライエントの発言のなかにしばしばみられるが、これらにはそれぞれ上記のような"ラベル"があることをクライエントに押しつけない程度に示しておくと、クライエントは自分の思考を客観視することができ、認知の修正をしやすくする土台をつくる。

治療にあたっては、クライエントと治療者が問題を一緒に解決するという共同経験主義（collaborative empiricism）をとり、次に紹介する認知的技法と行動的技法を組み合わせて治療が行われる。

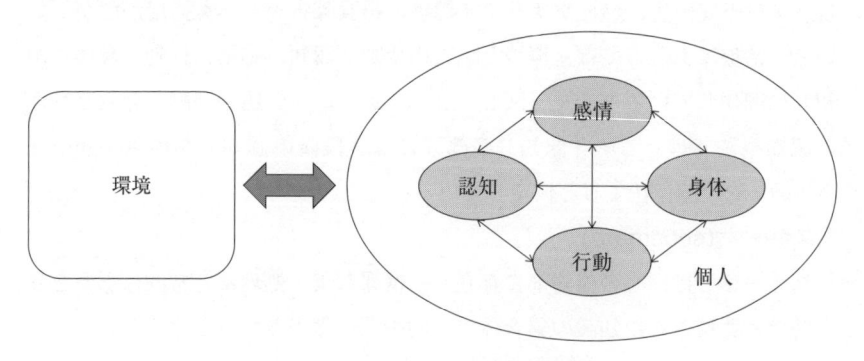

図6－3　環境と個人内変数の相互関係

表6-3　3段階の認知の歪み

抑うつスキーマ		「私は全ての人から受け入れられなければならない」、「少しでもミスをしたら全て失敗である」
推論の誤り	全か無か思考	物事を白か黒かという極端な判断をしてしまうこと
	べき思考	自分に対しても、周りに対しても、「こうあるべき」という硬直した完全主義的な考えをもつこと
	過大評価と過小評価	自分の欠点や失敗を過大に評価し、長所やうまくいったことを過小に評価してしまうこと
	個人化	自分に関係のないことまでも、自分の責任と考えてしまうこと
	過度の一般化	人間関係のちょっとした行き違いや失敗を過剰に一般化してしまうこと
	結論の飛躍	客観的な結果が出る前に、否定的な結論をすぐに出してしまうこと
自動思考		「自分が嫌いだ」、「私は負け犬である」、「失敗ばかりしている」

2．認知的技法

　認知療法では、否定的に歪んだ認知の修正を重視しており、その過程を認知再構成（cognitive restructuring）という。セラピストは、クライエント自身が否定的に歪んだ認知の自覚をし、修正につながっていくようなソクラテス的質問（socratic questioning）を活用する場合もある。また、セッション中や宿題で非機能的思考記録表（dysfunctional thought record）を利用する場合が多い。ここでは臨床現場で使いやすい3カラム法（状況、自動思考、適応的思考）を紹介する（表6-4）。

　まず「状況」のカラムには、日常生活のなかで否定的な感情が感じられた出来事を記入する。その際、「一日中だらだらと部屋でゲームをしていた」としてしまうと、次のカラムに記入する自動思考が同定しにくくなるため、できるだけ短い時間（one slice of time）の出来事に焦点をあてるのがポイントである。「自動思考」のカラムには、その時に心のなかに湧き上がってきた否定的な思考を、できるだけ「私はダメな人間だ」のような話し言葉で記入し、

表6-4 非機能的思考記録表（3カラム法）の例（保護者）

状況	自動思考	適応的思考
子どもが風邪をひいたため、幼稚園に休みの電話をした	・自分はダメな親だ ・子どもの健康管理も満足にできない。親として失格だ 　　　　落ち込み　80%	・今、幼稚園で風邪は流行っているので、十分注意しても罹患は避けられなかった可能性が高い ・自分を責める時間があったら、その時間を子どものケアにあてよう 　　　　　　　　　落ち込み　30%

　さらにその時に感じた感情（例：落ち込み）とその強さの程度を0（全く感じない）〜100（とても強く感じる）の数字で記入する。「適応的思考」のカラムには、自動思考（推論の誤りや抑うつスキーマの場合もある）に対する反論を記入し、そう考えることで感じられる感情の強さの程度を再評価し、0〜100の数字で記入する。なお、自動思考のカラムに記入した感情の強さと適応的思考のカラムに記入した感情の強さにあまり変化がない場合は、状況の特定や自動思考の同定が不十分であったり、適応的思考が当を得ていない可能性があるため、非機能的思考表を見直してみる必要がある。

3．行動的技法

　認知再構成をセラピストとクライエントで繰り返し行うと、次第にクライエントが独力で認知再構成をするようになってくる。しかし、クライエントが心から納得できる適応的思考が出てこない場合もある。そのような場合、行動実験（behavioral experiment）することで否定的な認知の修正を目指すのもよい。たとえば、セッション中にロールプレイしたものを録画・再生することで、クライエントが自分の行動や反応を客観的・適応的に見つめられるように援助したり、日常生活のなかで課題となっていることをクライエントが実際に行うことで、歪んだ認知の修正をしたりする方法がある。適切に下準備したうえで行動実験を実施すると、否定的な認知の修正が効果的に促進される場合が多い。

〈まとめ〉
　認知行動療法は、さまざまな研究で卓越した治療効果を示し、臨床現場での心理療法の地位向上に大きく貢献してきた。現在、認知行動療法は厚生労働省からその実施が推奨されており、治療マニュアルを同省のホームページからダウンロードすることができる。

6 マインドフルネス認知療法 (mindfulness-based cognitive therapy: MBCT)

　マインドフルネス認知療法は、ジンデル・シーガル（Zindel Segal）、マーク・ウィリアムズ（Mark Williams）、ジョン・ティーズデール（John Teasdale）の3名によってうつ病再発予防のために開発されたグループ心理療法である。開発にあたって参考にしたのが、ジョン・カバットジン（Jon Kabat-Zinn）によって1979年につくられたマインドフルネスストレス低減法（mindfulness-based stress reduction: MBSR）である。このアプローチはマインドフルネス（mindfulness）[*1]をベースにしたもので、ストレス、慢性疼痛、パニック障害、ガン患者のQOL、禁煙などに適用され、現在北米だけでも521か所の施設で実施されている。マインドフルネス認知療法は、このマインドフルネスストレス低減法と認知行動療法を組み合わせたものである。

　マインドフルネス認知療法では、うつ病再発の認知的リスクを図6－4のように仮定し、認知行動療法で実施されていた認知再構成の副産物としてクライエント内に起きていた脱中心化（decentering：思考や感情から距離が取れるようになること）を直接のターゲットにしている。

　プログラムでは、8週間かけて8セッション（各2時間から2時間半）を行い（表6－5）、最近ではプログラムの途中で1日のサイレントリトリート（silent retreat）を行う場合もある。プログラム開始前に事前面接を行い、セ

---

*1　マインドフルネスとは、「意図的に、今この瞬間に、評価せずに注意を向けること」である。

ラピストがクライエントに対して、プログラムの内容を伝え、宿題（1日約1時間）ができるかどうか確認し、プログラムについて質疑応答などをする。

プログラムは、あらかじめ時間を決めて行うフォーマル練習（formal practice）と日常生活での活動をマインドフルに行うインフォーマル練習（informal practice）から構成されている。なお、フォーマル練習には、レーズンエクササイズ（raisin exercise）、ボディスキャン（body scan）、静座瞑想（sitting meditation）、マインドフルムーブメント（mindful movement）な

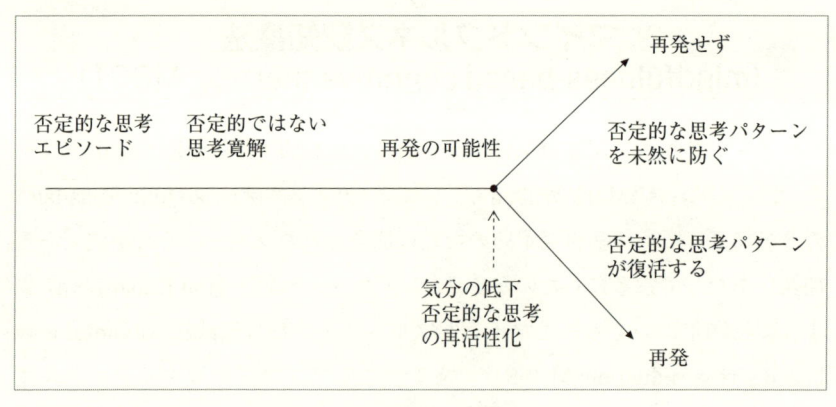

図6-4　うつ病再発の認知的リスク

表6-5　各セッションのテーマと主な内容

セッション	テーマ	主な内容
1	自動操縦	レーズンエクササイズ、ボディスキャン
2	心のなかの障害物を扱う	ボディスキャン、思考と感情のエクササイズ
3	呼吸へのマインドフルネス	マインドフルムーブメント、3分間呼吸空間法
4	今この瞬間に留まる	静座瞑想、マインドフルウォーキング
5	受け容れて、そのままにする	静座瞑想
6	思考は事実そのものではない	別の視点と感情のエクササイズ
7	いかに自分を大切にできるか	静座瞑想
8	学んだことを将来に活かす	ボディスキャン、再発防止のためのアクションプラン

どがある。

　セラピストは、自動操縦（automatic pilot）*2、反すう（rumination）*3、心のモード（modes of mind）*4、反応（reaction）と対応（response）*5などをクライエントが体験的に理解できるように援助し、最終的に以下の7つの態度を保持できることを目指す。

①**評価しない（non-judging）**：まずクライエントに、日頃から物事を自動的・習慣的・衝動的に解釈や評価をする傾向があることに気がつくよう援助する。このことに気がつくことで、偏見や先入観から解放され、物事をあるがままに受け止められるようになり、最終的には冷静に観察する力が養われ、それまでになかった気づきが生み出される。

②**忍耐（patience）**：心の健康を増進・維持するためには、衝動的に行動したりせずに、あるがままの状況を大切にする必要もある。ガーデニングでは、土を耕し、種を植え、水や肥料を与えても、芽が出てくるまでは一定の時間が必要とされるのと同じように、物事にはそれなりの時間が必要であることを理解することで、さまざまな可能性に気がつくようになる。

③**初心（beginner's mind）**：物事に対して新鮮な気持ちをもち続けることが、心の健康増進と向上には重要である。さまざまな出来事に対して「なぜ？」

＊2　自動操縦とは、その時に体験していることから心が離れてしまっている状態をいい、このことが反すうを招いてしまう。

＊3　反すうとは、ある事柄に関して繰り返し考えること。考える内容が否定的になりがちなため、うつ病の大きな発症・維持要因になる。そのため、「今この瞬間」に注意を集中させることで、反すうのための注意の容量をなくすことを目指す。

＊4　心のモードには「することモード（doing mode）」と「あることモード（being mode）」がある。「することモード」とは、現実と理想の間に不一致を認識した時に発生し、特定の問題が解決されるまで作動し続ける。落ち込みなどの心の問題をこのモードで解決しようとすると、注意の大部分が過去や未来に向けられ、反すうが起きやすくなる。「あることモード」は、注意が「今この瞬間」に体験していることに向けられ、不必要な反すうをするための注意の容量を奪うと同時に、問題に上手に対応するための気づき（awareness）が得られる。

＊5　反応とは、きっかけとなる出来事に対して自動的・習慣的・衝動的にかかわること。対応とは、その出来事に対して意図的・受容的にかかわることである。

ではなく、「どのように?」という視点で探索することで、かけがえのないものを発見する可能性が生まれる。

④**信頼 (trust)**：プログラムで紹介される練習を繰り返し実践することで、クライエントは自分の体験（感覚・感情・思考・直感）の妥当性について自信が次第にもてるようになる。そして、"自身の体験について自分は専門家である"という姿勢が生まれ、より自分らしくなれる。また他者への信頼も生まれてくる。

⑤**力まない (non-striving)**：理想と現実を比較しすぎて無理な努力をするのではなく、今の状態をあるがままに受け入れることも必要である。その結果、無用なストレスがなくなる場合が多い。

⑥**受容 (acceptance)**：現状をあるがままに受容することも心の健康増進と維持には重要である。これは不本意ながらあきらめることではなく、自ら進んで受け容れることである。一旦受容することで、さまざまな問題に対する対応の幅が広がっていくのである。

⑦**解き放つ (letting go)**：クライエントは過去を悔いたり、将来を心配したりするのに時間とエネルギーを浪費しがちである。一旦過去や将来から心を解き放ち、「今この瞬間」に留まるように援助することで、クライエントは現状をあるがままに物事が見つめることができるようになる。

〈まとめ〉

欧米で実施されていた心理療法の効果研究で、一昔前までほぼ独り勝ちをしてきたのが認知行動療法であるが、最近になって、次世代の心理療法としてマインドフルネス認知療法が注目されるようになってきた。認知行動療法が得意としていた思考の「修正」を「受容」へと飛躍させた点で大いに評価できる。この療法は、仏教的発想がベースになっているため、日本人には馴染みやすい面がある一方、逆に先入観が障害となる可能性もある。現在、わが国でも関心が少しずつ高まっている分、無用な先入観をなくしながら導入する工夫が必要かもしれない。

7
●子どもの心理療法●

　心理療法を記述する場合に、対象を子どもに限定したかたちでの心理療法も忘れることができない。この場合も基本的にはすでに述べてきた精神分析療法やクライエント中心療法、行動療法の流れをくんでいる。ただし、行動療法はその理論的特長から対象の年齢を限定することなく適用されるので、ここでは残りの２つのアプローチに基づく子どもの心理療法について簡単に述べることにしよう。

1 ── 児童分析療法（child-analysis therapy）

　これはフロイトの創始した精神分析の一部門である。対象となる子どもがもつ特質から、言語を自由に駆使することができない。そこで精神分析の基本技法である自由連想に代わって、遊具による遊戯活動やその他の修正技法を採用しているところに最大の特徴がある。遊戯活動では行動とわずかな言語によって表現が可能であると考えているのである。そのほかの特徴は、対象となる子どもはプレイルーム（遊戯室）で遊戯活動を展開する一方、別室で親面接が実施される点にある。児童分析において大きな足跡を残した研究者には、フロイトの娘のアンナ・フロイト（Freud,A.）やクライン（Klein,M.）がいる。

2 ── 遊戯療法（play therapy）

　対象となる子どもと治療者が玩具や遊具を使って一緒に遊びながら治療関係をつくり上げていく児童のための心理療法を総称していう。したがって、前述の児童分析療法も遊戯療法の一形態ということができるが、ここではロジャーズの理論に基づく子どものための心理療法を遊戯療法と呼ぶことにする。

1人の子どもと遊ぶ場合を個人プレイセラピー、2～5人程度の子どもとグループで遊ぶ場合をグループプレイセラピーと呼んでいる。遊戯療法はプレイルームで実施されるが、そこには玩具・遊具のほか、砂場、水遊び場が必ず用意されている。子どもの問題は親子関係の問題である場合が多いために、子どもの遊戯療法と並行して親のカウンセリングを同時に行う場合が多い。

　遊戯療法の発展に尽くしたアクスライン（Axline,V.）は、治療者の指標になる基本原理を挙げている。これは、アクスラインの8つの基本原理と呼ばれ、きわめて重要であると考えられるので特に付記しておくことにしよう。

◆アクスラインの8つの基本原理
①ラポールの確立
　　治療者はできるだけ早くよいラポール（rapport）ができるよう、子どもとの温かい親密な関係を発展させなければならない。
②子どもを完全に受け入れること
　　治療者は子どもをあるがままに正確に受け入れることが大切で、批評や批判、非難をしない、と同時に賛辞を与えることも避けなければならない。治療者に完全に受け入れられていると感じたとき、子どもは自分の真実の気持ちを表現する勇気をもつものである。
③おおらかな気持ちをつくり上げること
　　治療者は、子どもが自分の気持ちを完全に表現できるような自由感を味わえるように、その関係におおらかな雰囲気をつくり出すことが大切である。
④感情の認知と反射
　　治療者は、子どもの表現している気持ちを油断なく認知して、子どもが自分の行動の洞察が得られるようなやり方で、その気持ちを子どもに反射してやることが大切である。
⑤子どもに尊敬心をもち続けること
　　治療者は、子どもが機会を与えられれば、自分の問題を解決しうる能力

をもっていることを信じ、深い尊敬心を抱くこと。そして選択したり、変化したりする責任は子どもにあることを認識することが大切である。

⑥**子どもが場面を先導すること**

治療者は、決して子どもの行為や会話を指導したり、先導したりせず、あくまでも非指示の方針を一貫して守ること。治療者は子どもにしたがい、何かを示唆するような言動をとったり、励ましたりしないことが大切である。

⑦**治療をせかさないこと**

治療者は治療を早めようとしないこと。治療は緩慢な過程であることを認識し、子どものテンポにあわせ、変化が子どもの内部から生まれるのを待つことが大切である。

⑧**制限の意義**

遊戯室では最大限の自由を与えるが、わざとものをこわすとか、子ども本人または治療者に危険を生ずるような行動および時間については、一貫性のある制限を設けることが大切である。

8 ●最後に●

　臨床心理学はここ数十年で急速に発展し、さまざまな心理療法が開発されてきた。残念なことに、わが国の臨床現場でどの心理療法が選択・提供されるかは、その効果からではなくセラピストの個人的な好み次第である場合が多かった。しかも、1人のセラピストが実施できる心理療法は1、2種類に限定される場合が極めて多く、治療効果を度外視した心理療法が延々と行われてきた。しかし、最近になってこの問題に真摯に向き合うセラピストも少しずつ増えてきており、今後わが国の臨床現場においてもエビデンスに基づいた心理療法の選択・提供がなされる場合が多くなると思われる。

【参考文献】

伊藤健次編『保育に生かす教育心理学』みらい　2008年

河野友信・石川俊男編『ストレス事典』朝倉出版　2005年

窪内節子・吉武光世著『やさしく学べる心理療法の基礎』培風館　2003年

窪内節子編著『やさしく学べる心理療法の実践』培風館　2012年

下山晴彦監修『面白いほどよくわかる! 臨床心理学』西東社　2012年

厚生労働省「うつ病の認知療法・認知行動療法　治療者用マニュアル」
　http://www.mhlw.go.jp/bunya/shougaihoken/kokoro/dl/01.pdf

Crane, R., *Mindfulness-Based Cognitive Therapy: Distinctive Features Routledge,* 2008 (大野裕監修・家接哲次訳『30のキーポイントで学ぶ マインドフルネス認知療法入門』創元社　2010年)

国分康孝『カウンセリングの理論』誠信書房　1980年

祐宗省三・春木豊・小林重雄編『新版行動療法入門』川島書店　1984年

加藤義明・中里至正・鳴澤實編著『入門臨床心理学』八千代出版　1989年

佐治守夫・飯長喜一郎編『ロジャース クライエント中心療法』有斐閣　1983年

デカーヴァロー，R.J.（伊東博訳）『ヒューマニスティック心理学入門』新水社　1994年

アクスライン，V.M.（小林治夫訳）『遊戯療法』岩崎書店　1959年

橋本敏・福永博文・伊藤健次編『子どもの理解とカウンセリング』みらい　2001年

第7章 カウンセリングの基礎

1 ●カウンセリングとは●

1 ── カウンセリングの定義と学ぶ意義

　ストレスに抑圧された生活を送っていると、自分の欲求や感情を見失って真の自己を発揮しにくくなっていく。このような時にカウンセラーの助けを借りてありのままの自分を表現したいと思ってカウンセリングを受ける人がいる。カウンセリングを受けていると最初はカウンセリングの場だけでありのままの自分を表現できるようになり、次第に、日常場面でも自己表現できるように変わっていく（図7－1）。

　カウンセリング（counseling）はラテン語で会議、相談などの意味である。カウンセリングでは支援する人をカウンセラー（counselor）、支援を受ける人をクライエント（client：来談者、問題をもって来た人）と呼ぶ。カウンセリングの定義として「問題解決の援助とパーソナリティ成長の援助のいずれかを主目標とした人間関係[1]」、あるいは「カウンセリングの営みは（－中略－）単純に知識を与える助言で事足りる場合を除けば、クライエントが自ら考え自らの道を見出してゆくそのプロセスには、やはり右に示した全人格的生命的自己実現機能（－中略－）[2]」がその代表例である。

　クライエントは悩んでいる渦中にあるので、自分の考えを整理できなかったり、感情的になっている。カウンセリングを受けることによって自分の考えを整理して、考えなおし、自分の気持ちを見つめることができるようにな

第7章 カウンセリングの基礎　99

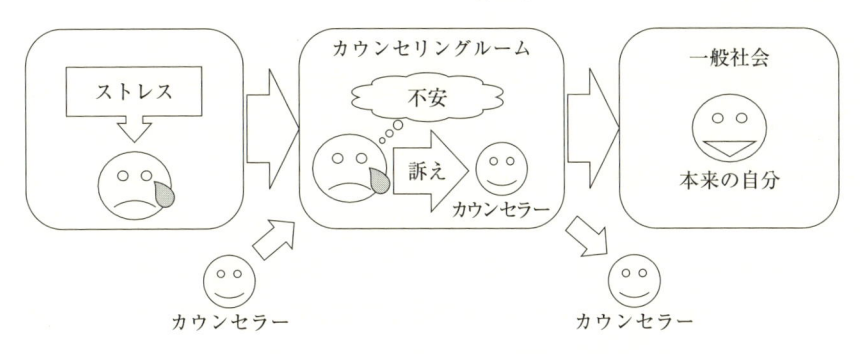

図7-1　カウンセリングによって本来の自分を取り戻す

る。カウンセラーは、クライエントに代わって問題を解決したりアドバイスするのではなく、クライエントを支持、受容して、クライエントが自分で考えて選択して解決できるように支援する。一方、クライエントの側の立場に立つと、自分の考えや状況が理解されて支持されることによって、カウンセリングという限られた空間のカウンセラーとの保証された関係のなかであっても、クライエントは自由に話すことができるようになる。時にはこんなことを話してもいいかとためらうような話であってもカウンセラーには否定することなく聴かれる経験を重ねていくと、生活のなかでも社会のなかでも、クライエントは次第に本来の自分を取り戻すことができるようになっていく。

　子どもの問題に悩んだり、困っている家族に保育者が対応する場合にはカウンセリングを学んで、カウンセリングマインド（カウンセリング的態度、カウンセリング的対応）で接することが大切である。家族からの相談を受けた保育者の対応として、助言や忠告、説得、そして激励などが多くみられる。しかし、家族はある程度の情報を探して、自分なりに取り組んでみたけれども解決できないために相談する場合が多い。知識として理解していても感情として受け入れられないために悩んでいるので、助言したり説得しても解決にはつながらないことが多い。たとえば、「息子が不登校になってしまったがどうしたらいいでしょうか」と母親が相談に来たとする。この場合の母親の目的は「息子を学校に行かせるにはどうしたらよいか、助言がほしい」である。この母親に対しては、一般的に、「お母さんが学校に行けと言うことは

やめなさい、そうしたらそのうちに行きますよ」という趣旨の助言が行われる。しかし、カウンセラーがこれを表面的に話しただけでは母親の不安や心配は現実には取り除けない。この助言にはカウンセリングの視点が抜けているからである。母親が心の底から「学校に行かなくてもいい」と納得して受け入れなくてはうまくいかない。母親が自分の考えを変えるまでの長い時間をクライエントに寄り添って、待って、自分の結論を出せるようになるまでカウンセラーは受容的、支持的役割をとって支援する。幼稚園や保育所では十分な時間がとれないが、短時間でもクライエントの訴えを尊重してカウンセリングマインドで対応する。

「何が傷つき、どの方向にいくべきか、どんな問題が決定的か、どんな経験が深く隠されているかなどを知っているのはクライエントだけである」というロジャーズ（Rogers, C. R.）の言葉にあらわされている[3]ように、クライエントの気持ちやその背景、経過、そのような行動に至った理由についてカウンセラーは理解してクライエントを支持していく。

しかし、このようにカウンセリングがうまく進むためには、クライエントが自分に気づいたり、自分の心を見つめることが必要である。そのためには、カウンセラーはまず、クライエントの気持ちを尊重して話を聞く姿勢が大切である。この視点に立っているのが、現在のカウンセリングの主流の「クライエント中心療法」である。「クライエント中心療法」は、1940年代にロジャーズによって、クライエントの自己成長と変容を尊重して、外側からの指示を排除する非指示的カウンセリングを特色として発展した。

2 ── カウンセリング、心理療法、ケースワーク

　カウンセリング、心理療法、ケースワークはいずれも面接を基本にした対人援助サービスであり、お互いに重複した概念である。カウンセリングは主として教育や産業分野で、心理療法は臨床心理学や医療の分野で、ケースワークはソーシャルワークのなかでもとりわけ個人を対象とした支援として医療や福祉分野でそれぞれ実践されている。カウンセリングを理解するために、心

理療法とケースワークについて関連テキスト[3)4)5)]をもとに整理しておきたい。

1．心理療法（psychotherapy）

以下の表7-1のように4分類できる。心の深層の問題に重点をおく場合が中心であり、長期的な治療過程になる。

表7-1　心理療法の4分類

相談面接による方法	精神分析、交流分析、カウンセリングなど
身体表現による方法	遊戯療法、箱庭療法、描画療法、作業療法など
行動療法	行動分析、自律訓練法など
その他	内観療法、森田療法など

出典：国分康孝編『カウンセリング辞典』[6)]より作成

2．カウンセリング

クライエントの精神的、心理的悩みに対して内面的に支援して成長や適応をはかることである。言語的なはたらきかけが中心となる。クライエントが自己解決や自己洞察をしようとする範囲である。

3．ケースワーク

カウンセリングに加えて社会環境面から支援する。専門機関の紹介や療育手帳の支給などの社会サービスや社会資源の提供を伴う。

以上、心理療法とカウンセリングとは部分的に重なっている関係であり、心理療法の方が広い概念である。ケースワークとカウンセリングの関係では、ケースワークにカウンセリングは含まれる。

2 カウンセリングの領域と対象 および幼児期のカウンセリングの特色

1 ── カウンセリングの領域と対象

1．領域

　カウンセリングが行われているのは、小学校・中学校・高校のスクールカウンセラーなどの教育関係、企業や相談室や健康管理センターなどの産業関係、児童相談所や保育所の子育て支援センターなどの福祉関係、精神科、小児科、心療内科などの医療関係、少年鑑別所や警察などの司法・矯正関係などの分野である（橋本,2001)[4]。最近では、保育所、幼稚園において保育カウンセラーが担当している場合がある。

2．幼児期のカウンセリングの対象と相談内容

　カウンセリングの対象は、定義の仕方や領域、職域によってもいくらか異なる。幼児期のカウンセリングでは、子どもだけでなく保護者や家族が対象になることが多い。幼児期のカウンセリングは、発達相談、子育て支援、保育相談、教育相談などのさまざまな名称で呼ばれている。主な相談内容として、離乳や排泄、睡眠、歩行などの発育や健康の問題、育児の方法、および、言葉の発達、きょうだいや友だちとの関係などの心理的問題、そして、知的障害や発達障害などの発達の問題や登園しぶりなどがありさまざまである。近年、育児不安や虐待に関する相談内容が増えている。

2 ── 幼児期のカウンセリングの特色

1．相談内容の特色と主訴

　幼児期の相談では、子ども自身の問題（発達や行動など）と相談に来た保護者の問題（育児不安、家族関係）とが絡まっている点が特色である。子ど

もの問題を相談しているうちに家族の問題にまで話が広がったり、両親が若いため生活基盤が不安定な状態も多く、困っている状況はそこから派生していることがある。したがって、どのようなことに困って相談に来たのかという動機や主訴を丁寧に把握することとその背景を理解することが重要である。

2．発達の知識が必要

　幼児期の心配や問題について、理解の仕方やしつけ、かかわり方などの知識の提供のほかに、子育ての不安の解消や負担感の軽減が、園でのカウンセリングでは必要になる。たとえば、子どもの発達段階と明らかに違う働きかけで接している母親の訴えに対して保育者は聴いているだけでは不十分である。子どもが多動であるとの訴えに例をとると、個人差なのか、障害に起因するのか、あるいは一時的なものなのかわからないままに、そして、障害に対する不安ももちながら母親は日常の対応にも困っている。年齢や多動の状態によってアドバイスの内容は異なるので、保育者は発達や障害に関する知識を十分に備えたうえで、子どもの遊びや発達段階を把握して、母親が障害や発達段階に合わせた働きかけをするようにカウンセリングを進めていく（武藤,2007)[7]。

3．家族への対応にあたって

① 多面的な理解を

　相談やカウンセリングでは、先入観や偏見のない状態で相手に接する。事前情報をほかから聞いていても面接ではそれにとらわれないようにする。また、母親に問題があるとか、悪い母親としてとらえて家族関係の構図や問題点を単純化しないようにする。状況を多面的に理解するように努める（武藤、2001)[8]。

② 今できる対応を

　家族は多くの疑問や質問を保育者へ向ける。先ほどの多動の例では、「障害があるのか、個人差の範囲なのか」などの質問を向ける。すぐには答えることができなくて経過観察の必要な場合もあるし、また、答えはわかってい

てもその場で答えることが不適切な場合もある。いずれの場合でも、今できること、どうすれば良いかの現実的な対応を話しておくことが大切である。

3
●カウンセリングの基本●

1 ── カウンセリングのはじまり －ラポールの形成－

　何らかの問題を解決したいという解決意欲や動機が、クライエントとカウンセラーとの間に接点をつくることになる。幼児期の場合について橋本（2001）[4]を整理すると、たとえば、園で保護者から保育者に相談する場合では、保護者のニーズや解決したい課題を整理する方向で進めていく（図7－2）。一方、子どもの様子から解決ニーズを抱いた保育者が、保護者への働きかけの必要を感じて接点をつくろうとする場合、その保護者の解決意欲が乏しい時には、クライエントの問題意識や解決意欲の動機づけが、まず、課題となる。接点をつくることは関係を築くことであるが、この信頼関係の樹立をカウンセリングでは「ラポート（rapport）」（ラポールともいう）を形成するという。まず、クライエントが自分で問題解決をしようとしたことを承認する。次に、来所の場合は、勇気を出してここまで来たことをねぎらう。その後、クライエントの問題について一緒に考えることをカウンセラーは伝え

図7－2　カウンセリングのはじまり：クライエントに問題意識のある場合とない場合

る。具体的には、「これから、あなたがご自分の問題を整理して解決の方向を考えることにお手伝いできたら、と思っています」「これから、あなた自身が問題を解決していかれることについてご一緒に考えていけたらと思っています」などである。その後の支援関係がうまく展開するためには、クライエントが心を開き、カウンセラーに対して好感を抱き、信頼感をもつことが重要となる。

　カウンセリングを進めていくためには、クライエントの側にも重要なことがある。第1は、問題のあることをクライエントが認めていることである。これは意外に難しい。一般に、自分の問題を軽視していて、たいした問題ではないととらえがちだからである。第2に、クライエントが問題解決に意欲をもっていることである。クライエントがこの問題を解決したいと思い、その思いから、カウンセリングを希望することが望ましい。

2 ── カウンセラーの基本的態度

　カウンセリング関係におけるカウンセラーの基本的態度について、ロジャーズは、パーソナリティが変化するために必要かつ十分な条件として、①「自己一致」、②「共感的理解」、③「無条件の肯定的配慮」を挙げている（橋本, 2001）[4]。このほかに、カウンセラーの基本的態度として、受容とカウンセラーに必要な資質についても述べる。

1．カウンセラーの3条件
① 自己一致
　カウンセラーは現実性、純粋、自己一致を備える。現実性とは、今、この場で何が起こっているか現実を直視して把握する現実感覚である。そうした現実感覚でカウンセリングの方向を見定めていく。また、カウンセラーには純粋性が求められるが、カウンセラーは、面接場面で自分が感じていること、内的に経験していることを自分自身で受け止めて、今感じている感情を否定したり、歪めてはならない。カウンセラー自身がその場の自分の感情に気づ

くこと、その自分の感情の動きをそのまま受け入れることである。理解できなかったり、同意できない場合はクライエントに伝えることも時に必要になる。表面だけでクライエントを受け入れたり、理解できたふりをすると、カウンセラーが自分自身に不誠実な対応をすることになり、自己一致できなくなる。カウンセラーは自分自身であろうとし、自分の感情を意識しながら、ありのままの自分を受容することが自己一致である。

② 共感的理解

ロジャーズは、共感的理解を「クライエントの私的な世界をあたかも自分自身のものであるかのように感じとり、しかもこの"あたかも……のように"という性質を失わないこと」と定義している。共感とは、感情移入のことであり、クライエントの気持ちに自分の気持ちを移し換えて、その気持ちになってみることである。クライエントの心の世界を内面から理解してその感情を一緒に感じて共有しながらも、一緒に泣きくずれたり取り乱すことなく保育者としての冷静な視点を保ちつつ、巻き込まれないようにする。あなたと私は別人であるし、感じ方や考え方も違う、だから理解したい、という姿勢をカウンセラーがもつことによって、クライエントに対する尊重と理解が生まれ、クライエントの自立を支援する関係となる。

③ 無条件の肯定的配慮

カウンセラーはクライエントを温かく受け入れる態度を志す。カウンセラーの指示に従うならうまくいくというような条件をつけたり、クライエントの話の内容について善悪や正誤の価値判断をはさまない。これが、無条件の肯定的配慮である。カウンセリングの場でカウンセラーは無条件にクライエントを受け入れるが、その点において、カウンセリングは非日常的な関係である。

2．受容

受容とは、クライエントの気持ちを好意的に肯定的に受け止めて聴くことである。聴く時には、ただ無心に聴いて、一旦、カウンセラーは受け止める。どうしてこのクライエントはこういうことを話し出したのだろうかなど、何

かほかにあるのかなどと考えながら後で自分なりにとらえ直す。話の内容によってはどうしても受け入れがたいものもある。たとえば、クライエントが「Aさんを殺したい」と話した時、「Aさんを殺したいほどの気持ちなのですね」「Aさんを殺したいほど憎んでいるのですね」とクライエントの気持ちを受け入れる。

3．カウンセラーの資質
① 心の動きに敏感であること

　カウンセラーはクライエントの心の動きを敏感にとらえる（田畑,1978）[9]。クライエントの言葉だけでなく、非言語行動、相互作用に気を配る。クライエントの心の状態によって言葉の表現や仕草や声の調子、視線などが変化するがこれを敏感に受け止める。とくに、非言語行動はその心の状態を判断する大切な手がかりである。たとえば、クライエントが「いいですよ」と言った時、視線を合わせず横を向いて素っ気なく言った場合は、拒否的な気持ちが含まれているであろうし、その反対に、視線を合わせてにっこり笑えば肯定の可能性が高い（図7-3）。

　カウンセラー側の返事や受け止め方によって、その後の話の展開が変わるので、クライエントとカウンセラーの相互作用も大切である。

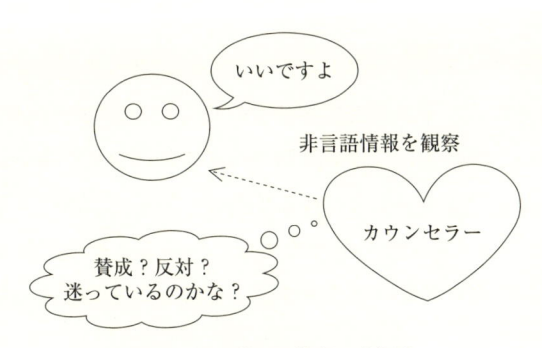

図7-3　非言語情報の大切さ

② クライエントの成長を信じる

　カウンセラーは、最終的には、クライエントが自己実現できるように、その生き方が豊かになるように、クライエントの成長を信じて接する。

③ 多様な価値観を認める

　カウンセラーはクライエントを評価しないことを心がけ、また、クライエントの価値観をはじめ世の中の多様な価値観を認めることである。クライエントの気持ちに共感して、その考え方を尊重して、支持するなど、共に歩む姿勢でのぞみながらも、一方では、保育者として客観的に理解する姿勢も忘れてはならない。

3 ── カウンセリングの契約と面接の構造

　カウンセリングは非日常的な関係であるため、特別な場面をつくる必要がある。そのためにクライエントとカウンセラーの間は信頼関係を基本として、契約を結び、面接の構造を設定する。保育所や幼稚園では、構造の設定や契約はほとんど行われない現状であるけれども、それらの概要を知っておくことは大切である。

1．面接の構造

① 空間的構造

　通常、相談室2～3室、カウンセリングルーム2～3室、プレイルーム2～3室で構成される。電話などで相談室のしくみの説明を受けてから予約をすることが多い。相談室内には装飾物やほかの物品を置かないようにする。カウンセラーとクライエントとの座る位置は、90度、120度、正面などがある（図7－4）。クライエントの状態を考慮して座る。面接記録は一定期間保管後は、シュレッダーにかけるなどする。面接を録音録画する場合はクライエントの許可を得る。

② 時間的構造

　通常、初回面接では約1時間30分から2時間、2回目以降は1回につき約

第7章　カウンセリングの基礎　109

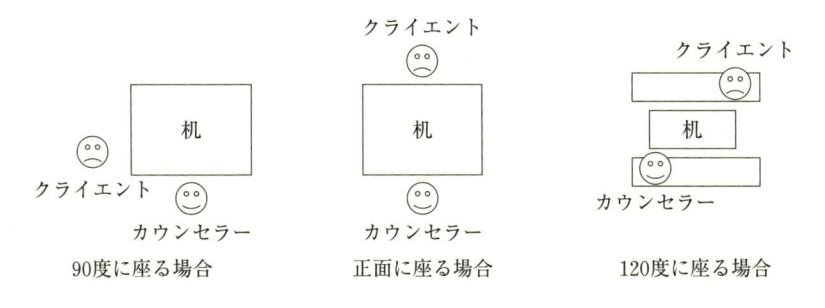

図7-4　相談室の座り方

（90度に座る場合　正面に座る場合　120度に座る場合）

1時間である。面接の間隔は1週間から1か月に1回であり、1回で終了することもあれば10年以上かかることもある。

③ **社会的構造**

園だけでなく、必要に応じて関連機関の児童相談所、療育センター、病院、保健所、市役所、福祉事務所等と連携する。支援では複数領域の専門家（医師、保健師、臨床心理士、児童福祉司、教員）と役割分担する。

2．契約

初回、カウンセリングに関するインフォームド・コンセント（説明と同意）を行ってクライエントが自由に自分で意思決定できることを配慮する。クライエントとカウンセラーがカウンセリングを進めていくうえで、一定の時間や場所で行うこと、約束を守ること、職業上の倫理として守る内容についてお互いに決めることが契約である。カウンセリングの内容や方法、目標、カウンセラーの秘密保持とその限界も説明する。保育者には面接内容、子どもや家族のプライバシーを第3者に口外しないという守秘義務があるが、その限界として、たとえば、虐待が疑われる場合には通報の義務があること、子どもに生命の危機がある時にはその秘密を破ること、などを話しておく。園の立場や教育方針、そして、園では対応できない場合には近隣の関係機関を紹介することも説明する。

4 ── カウンセリングの進め方

　カウンセリングには通常の面接のほかに電話による形式もあり、また個別面接のほかにはグループ面接もあるが、それらの形式によって手順は異なる。一般的な進め方として、まず、電話等での相談の受け付け後に初回面接を行って、その後、他機関を紹介するか、ケース会議を開くなどして処遇を決定する。当該機関で受け入れる場合では、継続面接を経て終結となる。

1．園での進め方
　園では、送迎時などに子どもの最近の様子を話しながら、保護者側から担任へ相談したり、保育者側から保護者へ話しかけて始まる場合が多い（武藤,2007)[7]。担任が園内で面接を実施後、家族の面接を加えたり、主任や園長に面接を交代したり、また、園内のケース会議で支援方針を話し合うなどをする。必要に応じて、医療機関の受診や相談機関の利用をすすめる。

2．留意点
　園内での立ち話から始まった場合、様子をみて相談室に誘ったり、改めて時間の予約をするなど面接として設定する。また、初期段階の留意点として、保護者のニーズを見極めることが大切である。たとえば、保護者がカウンセリングよりも、むしろ地域の社会資源や制度に関する情報提供を求めている場合や人権擁護を必要としている場合には関係機関とも連携しながら支援をする。園の対応の範囲を超える場合では迷わず、他の専門機関に紹介する。保育者には、クライエントのニーズに応じた適切な対処能力が大切である。

4 ●カウンセリングの過程●

　カウンセラーとクライエントとの関係では最も大切なのが、信頼関係である。カウンセリングは日常会話とは異なる点があり、その違いを解説する。

1 ── 傾聴

　「聴く（listening）」とは、クライエントの話を漫然と「聞く（hearing）」のではなく、耳を傾けて注意深く話の内容を深く理解して「聴く」ことである。クライエントの話に一貫性がないとか、話のつじつまが合わないなどの診断的見方をすることなく、クライエントの話に口をはさまず最後まで聴きながら、クライエントがどう思っているのか、どう感じているのか、といったクライエントの枠組みを理解する。それによって、クライエントが何を訴えようとしているのか、何を言おうとしているのかクライエントの本当の悩みや訴えを理解できる。たとえば、「そうですね」などの短いクライエントの言葉でも、迷っているのか、あるいは気持ちが伴っていないかなど十分に見極めることができる。クライエントはなかなか言葉にできなかったり、言葉に表現できないこともある。当初は感情的になっていたり、問題点が明確でなかった内容が、よく聴いてみると、クライエント自身の意見ではなく家族の意見であったり、自分の気持ちがわからなくなっている場合などがある（武藤, 2001）[8]。

　クライエントは自分の気持ちを十分話せると、混乱した気持ちが落ち着いてくる。「聴いてもらって気持ちがすっきりした」と混乱した気持ちを解消する「カタルシス」効果である。それまで秘密にしてきたことや自分の気持ちを話すことによって、今まで抑えられていた感情から解放されるが、このような心のうちを十分表現すること自体に治療的意味がある。問題解決に向けての意欲やエネルギーを取り戻すことができる。傾聴によって、クライエ

ントは自分の気持ちを話しながら、自分自身の気持ちを整理し、見つめ直す。それによって、改めて、自分の問題を自覚したり、問題点を理解できるようになる。

●【ロールプレイ練習①：傾聴】

1）2人一組になる。
2）じゃんけんをして保育者役（Aさん）と母親役（Bさん）を決める。母親役は保育者役に何を相談するか、しばらく考える。たとえば、「落ち着きがない」「友だちと遊べない」「言葉が遅い」などといったテーマのなかから選んでみる。
3）母親役は母親になったつもりで心配なこと、聞いてほしいことを話す（3分間）。保育者役は、口をはさまずに、聴く。あいづち（「ええ…、それで…」と簡単な繰り返し（「○○なんですね」）にとどめる。途中で質問したくなるが我慢して質問をしないようにする。
4）3分間経ったら、Bさんは保育者役に、Aさんは母親役に役割交代する。
5）終了後、お互いに気づいたことを話し合う（5分間）。
6）ワークシートに記入する。

ワークシート

ロールプレイ：傾聴

年　　月　　日

提出者：学籍番号：　　　　　名前：

- ●1回目　保育者役の学生名：　学籍番号：　　　　名前：
  　　　　　母親役の学生名　：　学籍番号：　　　　名前：
- ●2回目　保育者役の学生名：　学籍番号：　　　　名前：
  　　　　　母親役の学生名　：　学籍番号：　　　　名前：

（1）保育者役をした感想：

_____
_____
_____
_____
_____
_____
_____

（2）母親役をした感想：

_____
_____
_____
_____
_____
_____
_____

2 ── 主な技法

カウンセリングの技法[3)10)]を参考にして、保育・幼児教育の相談場面で使う技法をまとめた。

①繰り返し

「○○ということですね」などクライエントが用いた言葉をそのままか部分的に繰り返すことである。カウンセラーが自分の言い方に変えて繰り返すことは避けて、クライエントの表現のまま繰り返す。言い方を変えたり、解釈して伝えないようにする。デリケートなニュアンスが変わることを避ける。

②感情の反映

クライエントの感情を理解して、「あなたは悲しかったんですね」「辛かったのですね」などクライエントの感情表現を繰り返す。クライエントの気持ちをカウンセラーは言葉だけでなく、感情の深いレベルを理解して的確に把握する。

③感情の明確化

「その時はどんなお気持ちだったでしょうか」など、クライエント自身でもよくわからない感情や整理されていない感情をカウンセラーが質問することによって鏡のように映しだす。クライエントがもう一度自分の感情に気づく機会となる。クライエント自身が自分の感情を整理することを促す大切な技法である。

④要約

クライエントの説明や話を明確に要約することであり、これによって問題が焦点づけられて、感情とともに混乱していた内面が整理される。

⑤沈黙

沈黙は面接中に何度か訪れる。クライエントは自分の問題を解決したいものの感情的になっていたり、話の前後関係に脈絡がなかったりする。また、カウンセリングの回を重ねてその話題の核心や心の深い部分に触れてくると、話を進めていくことに迷いや抵抗が起こってくる。それは、今まで無意識に避けてきた感情にクライエントが気づいたり、感情がたかぶって話せなく

なってくる時でもある。また、沈黙はクライエントが何を話したいかを考えている時間でもある。沈黙の意味を考えたうえで、クライエントの感情が収まるまで待っているなどが適切である。

⑥支持

　次第に、クライエントは自分の問題を理解してその対処法や解決法を考えるようになり、カウンセラーはこの時、クライエントの考えを支持する。クライエントが自身で解決法を見つける手助けとして、カウンセラーはカウンセリングの場で考える機会を提供したり何を話してもよいという雰囲気づくりを行う。

⑦洞察

　解決方法がカウンセラーに支持されると、クライエントは自分の心の動きについて確かめることができるようになる。新しい自己を発見する契機ともなる。どのように問題対処していけばよいかを理解する。このような状態を洞察というが、カウンセラーが急がせてはいけない。

⑧自己決定

　クライエントは現実の生活での実践を考えるようになる。「そろそろひとりでやっていけそうです」など面接を終わりにしたいことをクライエントは申し出る。自己決定をしていよいよ独り立ちをして現実の生活に向かって歩みだす。

3── 開かれた質問（Open Question）と　　閉じられた質問（Closed Question）

　質問には「開かれた質問」と「閉じられた質問」の2種類がある。たとえば、「今日の朝食はどうしましたか？」と聞くと、「パンを食べました」「おにぎりを食べました」「食べていません」などの答えが返ってくる。朝食を食べたかどうかとその内容も把握できる。このようにクライエントが自由に回答できる5W1H（5W1H：When「いつ」、Where「どこで」、What「何」、Who「だれ」、Why「どうして」）の質問が「開かれた質問」である。ただし、

自由度が高すぎて回答に困るおそれもあるので注意する。

これに対して、「今日は朝食を食べましたか？」は、「はい」「いいえ」で答えられる質問がある。このような質問は「閉じられた質問」と呼ばれるが、いくつかの選択肢から選ぶ場合もあり、答えやすいけれども多用すると面接としての長所がなくなる。カウンセリングの目的と流れに沿ってこの2種類を上手に組み合わせる。

● 【ロールプレイ練習②：繰り返しと開かれた質問】[8]

1）練習①と同様2人一組でペアを組む。
2）保育者役は母親役の言葉の一部を共感しながら繰り返す。
　　保育者役：「今、一番ご心配なことはどんなことですか？」
　　母親役　：「言葉が遅いんです」
　　保育者役：「言葉が遅い……どんな感じですか？」
　　母親役　：話を続ける（2分間）。
3）保育者役は、開かれた質問で母親役が自由に話せるように促す（2分間）。
4）役割交代。
5）感想を話し合う。
6）保育者役になった場合の母親役と保育者役のやりとりをワークシートに記録する。

ワークシート

ロールプレイ：繰り返しと開かれた質問

　　　　　　　　　　　　　　　　　　　　　年　月　日

提出者：学籍番号：　　　　名前：

- １回目　保育者役の学生名：　学籍番号：　　　名前：
  　　　　母親役の学生名　：　学籍番号：　　　名前：
- ２回目　保育者役の学生名：　学籍番号：　　　名前：
  　　　　母親役の学生名　：　学籍番号：　　　名前：

母親役：

保育者役：

（１）母親役をした感想：

（２）保育者役をした感想：

4 ── 転移と逆転移

　カウンセラーは、自分自身の感情のもち方や受け止め方のパターン、価値観などを知ることが必要であり、それによってクライエントとの関係が歪まないようにする。「転移」とは、精神分析の治療中に生じてくるクライエントがカウンセラーに抱く無意識の感情で、幼少期の重要な人物（多くは両親）に対して抱いていた未解決な気持ちをカウンセラーに向けることである。「転移」には陽性転移と陰性転移があり、陽性転移は、好意や理想、甘えや依存などの感情であり、うまく働くと治療に協力的となるがカウンセラーに迎合してしまう面もある。陰性転移は敵意や嫌悪、不信などであり、治療に対して良い影響を及ぼすことはない。「逆転移」はカウンセラーがクライエントに対して抱く無意識の感情、態度、反応であり、カウンセリングの場で過去の対人関係を再現する。「逆転移」によってカウンセラーはクライエントに対して過度に客観的な態度をとったり、過度に親切な態度をとってしまう。クライエントに効果的な支援をするためには、カウンセラーが「転移」や「逆転移」から自由であることが必要であり、これらの克服のためにはスーパービジョンを受ける。

5 ── カウンセリングの学習方法

1．養成教育までの学習方法

　カウンセリングは理論だけではなく、実際の場面を想定した訓練が必要である。とくに、クライエントが何を訴えているのかをくみ取り、クライエントの感じ方を共感する能力が重要であるが、この訓練のためには、自分の知らない世界の経験やボランティアなどのさまざまな立場に自分を置くことから始める。クライエントの枠組みに沿って感じることや考えることを経験することによってその問題に対する理解が深まるだけでなく、カウンセラーの側に共感性や感受性が養われる。田畑（1978）[9]はカウンセリングの学習方法について述べているが、このうち保育者の養成教育の段階では、クライエン

トの体験記録を読むことによる追体験、実際にカウンセリングを行っている場面のDVDの視聴、授業での体験学習としてロールプレイ（role play：役割演技）が挙げられる。ロールプレイでは保育者役と母親役など、それぞれの立場に立って模擬的に役割演技をする。役割になりきることと即興性が求められる。

2．保育者としての学習

　カウンセリングはクライエントの成長を支援するが、カウンセラーにとって、ここまでできればいいという到達はない。常に自分自身を振り返り、その技法を磨く必要がある。特定な技法に偏ることなく、現実では、そのクライエントに最も役に立つ技法を駆使できることが求められる。また、カウンセラー自身の豊富な意味深い人生経験もカウンセラーにとって大切な経験であるが経験主義に陥らないようにする。カウンセラー自身も、自らも成長して変化していくのでカウンセリングのスタイルが30代と50代では変化していく。

【引用文献】
1）国分康孝『カウンセリングの原理』誠信書房　1996年
2）水島恵一「第1章 カウンセリングの現代的・人間的課題」水島恵一他編『カウンセリングを学ぶ』有斐閣　1978年
3）杉浦京子『臨床心理学講義』朱鷺書房　2002年
4）橋本敏「第5章 カウンセリングの基礎」橋本敏・福永博文・伊藤健次編『子どもの理解とカウンセリング』みらい　2001年
5）杉本敏夫監修・袴田俊一編『福祉カウンセリング』久美出版　2001年
6）国分康孝編『カウンセリング辞典』誠信書房　1990年
7）武藤久枝「障害児の発達と保育カウンセリングによる対応」『岡崎女子短期大学教育研究所所報　第16号』2007年　pp.5-24
8）武藤久枝「第6章 相談援助と子育て支援」橋本敏・福永博文・伊藤健次編『子どもの理解とカウンセリング』みらい　2001年
9）田畑治「第4章 カウンセラー」水島恵一他編『カウンセリングを学ぶ』有斐

閣　1978年
10）福島脩美『カウンセリング演習』金子書房　1997年

【参考文献】
氏原寛他編『心理臨床大事典』培風館　2004年
平山諭他編『発達の臨床からみた心の教育相談』ミネルヴァ書房　2010年

第8章 子ども臨床と心理アセスメント

1
●心理アセスメントとは●

1 ── 子どもを理解するために

1．子どもや保護者を「客観的に理解する」ことが重要

　子ども、あるいは保護者を理解するために、重要なことは相手の現在の状態を知るということである。現在の状態とは、家族や仲間関係、仕事や経済状況、通院や投薬の有無だけでなく、内面を含んだ状態である。特に保育者として、子どもや保護者の状態を把握することは重要だろう。しかし、他人の内面を知ろうとすることは非常に難しいことである。なぜなら、われわれが他人のことを考えるとき、どうしても自分の考え方や枠組みで相手をとらえてしまいがちだからである[1]。それは人が人を評価する以上、避けては通れない問題であり、相手のことを思う気持ちが足りないといったことが原因ではない。自分と他人では価値観や物事の利益・不利益が違って当然である。このことは、年齢の違いやそれぞれの置かれている立場の違い、周囲の人間関係の違い、それまで育ってきた経験などに由来するものである。他人を理解するためには、そのような価値観や立場の違いを理解することが必要となる。

　つまり、保育者として子どもや保護者を理解するためには、自分の価値観や立場ではなく、独立した視点で客観的にそれぞれの置かれている状況をとらえることが必要となる。

2．心理アセスメントとは人の心の客観的な評価の方法である

　ある事象を客観的に評価することを「アセスメント」というが、人間の心を客観的に評価することは「心理アセスメント」ということができる[2]。客観的に評価するということは、それぞれが自分の価値観に基づいて相手の心の状態を知ろうとすることではなく、誰もが同じように知ることができるような方法を用いてその人の心の状態を評価するということである。特に、子どもは自分の心の状態を的確に判断し、表現することが難しいため、保護者や保育者が理解し、うまくかかわっていく必要がある。しかし、日常生活における子どもの心の理解は保護者や保育者の主観によってなされることがあり、そのような場合、子どもの心と大人の思いにずれが生じてしまう。

　心理アセスメントには、面接やさまざまな心理検査、行動観察などの方法があり、それらを組み合わせて用いることで、より客観的で正確な評価が可能となる。

2 ── 心理アセスメントの目的と必要性

1．心理アセスメントの目的　―問題の特定と支援の効果の測定―

　心理アセスメントは、子どもや保護者を客観的に理解し、それぞれが抱える問題解決の手がかりにするものである。心理アセスメントなしで子どもや保護者を理解することは困難であり、そのような主観的な理解に基づく支援は問題解決につながりにくい。保育者として心理アセスメントに基づいて子どもや保護者の状態を評価し、解決すべき問題を特定し、効果的な支援を実施することが求められる。

　しかし、心理アセスメントの目的はそれだけではない。実施された支援の効果を評価することも重要な目的である。つまり、支援の前後で心理アセスメントを実施することにより、実施した支援方略が効果的であることを明らかにするのである。効果が認められない場合は支援方略を修正する必要がある。効果的でない支援を継続することは、子どもや保護者だけでなく、保育者にとっても大きな負担となるだろう。心理アセスメントを実施することに

2．効果的な支援は子どもにとって重要なことである

　人間は環境とのかかわりのなかで発達していくものであり、特に子どもはその発達が途上の段階である。ある意味では、子どもにとっての一日は大人にとっての一日よりも重要であるといえる。そのような貴重な時間や経験の機会を、問題を抱え続けることによって失ってしまうことは大きな損失である。効率よく問題を解決するということは、子どもにとって特に大事なことであり、保育者にとって心理アセスメントが重要であるということはここからも明らかである。

2
●心理アセスメントの方法●

1 ── 除外診断
―問題がないことを明らかにすることで正確に問題を把握できる―

　子どもや保護者の抱える問題についてアプローチしていくとき、まず重要なことは「何が問題なのか」、「どこに問題があるのか」を明確にすることである。しかし、問題の所在を明確にするということは非常に難しい。そのためには「問題ではないこと」を明らかにしていくことが必要となる。問題ではないことを明らかにしていくことで、残された候補のなかから問題の所在を考えていくのである。このようにほかに問題がないことを明らかにしていく過程を「除外診断」という。除外診断は元来医学で用いられている用語であり、器質的疾患などの有無を調べる検査や診断のことである。

　除外診断は、実施されないと心理アセスメントの結果が的外れとなり、効果のない支援を実施することで問題が持続してしまうことさえある。たとえば、言葉の遅れが指摘された事例について考えてみよう。

> **事例1：あらかじめ除外診断していれば…**
>
> 3才男児。意味のある発語はほとんどなく、指差しなどで要求を伝える程度。心理アセスメントの結果に基づき言語訓練を開始したが、数か月経過しても効果が見られない。数か月後、聴覚検査を受けたところ聴覚障害と診断された。補聴器を用いて聴力を補償し、言語訓練を継続するとすぐに言葉の発達がみられた。

これは除外診断を行わなかったことによる典型的な例である。心理アセスメントの段階で聴覚障害の有無を検査することができていれば、はじめの数か月間の言語訓練は必要なかったかもしれない。あるいはもっと早くに言葉の発達がみられ、他児とのコミュニケーションが可能になることによって社会性の発達が促されたかもしれない。このように、心理アセスメントの前提として除外診断が重要であり、それによって子どもの全般的な発達を促し、子どもや保護者の抱える問題への効果的なアプローチが可能になる。

除外診断は保育者がある程度行うことができる。保育者は子どもの日常的な行動を観察することが多い。日常的な行動を観察することによって、視覚、聴覚、触覚など子どもの感覚に関することに気づくことができれば、除外診断のための材料となる。

2 ── 面接によるアセスメント

1．信頼関係が築けていなければ的確な情報は得られない

人の心を理解しようとするとき、最も一般的に用いられるのは、その人と話をするということだろう。それは心理アセスメントにおいても同様であり、その人の心の状態を多面的にとらえ、客観的に評価する際に用いられる最も基本的な方法が面接によるアセスメントである。「人の心」の理解の方法であるので、その対象が子どもの場合も保護者の場合もあるだろう。たとえばケンカをした子どもから話を聞き、心の状態を理解することも面接といえる。

また、家庭での指しゃぶりなどの行動を改善したいといった保護者の訴えを聞き、理解することも面接といえる。本項では面接によるアセスメントの概要を示すが、面接の対象（相談者）は保護者の場合もあり、子どもの場合もあると考えながら読み進めてほしい。

はじめに、面接者である保育者と相談者である子どもあるいは保護者の信頼関係が十分に構築されていることが重要である。私たちも、よく知らない相手に自分の悩みや秘密を打ち明けることには抵抗がある。そのような大事な話をする相手というのは、長い付き合いがあったり自分の立場をよく理解してくれたり、信頼できる人だろう。このような信頼関係のことをラポールというが、ラポールが十分に形成されていない場合、相談者は本当のことを言うことができないかもしれず、問題を客観的に正確に評価することができない。

2．面接によって得られた情報は問題をどの程度的確に表しているか

面接によって明らかにされる情報のなかで、最も重要なことは相談者の主訴を把握するということである。主訴とは相談者の一番大きな悩みや訴えのことである。保護者が子どもに関する問題を相談する際、次から次へと問題や悩みが出てくるということがある。その場合でも、主訴は何か、何が問題なのかを明らかにすることで客観的な理解が可能となる。また、主訴を理解する際には、それが本当の訴えなのか、訴えがあいまいではないか、他人に強要された訴えではないか、などの点に配慮する必要がある。

面接によるアセスメントは比較的短時間でできるため、実施しやすい方法である。しかし、客観的なとらえ方を保証することができず、情報の信頼性や妥当性も高くないといえる。信頼性とは面接によって得られた情報が本当の情報なのか、相談者が本心を打ち明けているか、嘘をついていないかということである。また、妥当性とはその情報の内容がその人の状態を的確に表しているのか、一側面ではないかということである。そのようなことがはっきりとわからないのが面接によるアセスメントの特徴であり、その部分をほかの方法によって補完することで効果的なアセスメントを行うことができる。

3 ── 心理検査を用いたアセスメント
　　―心理理検査をどのように活用するか―

　子どもや保護者の心の状態を面接よりも詳細に評価するために、心理検査が行われる。心理検査には、発達や能力の状態を評価する「知能検査」や「発達検査」と、性格や人格などを評価する「性格検査」がある。心理検査は実施や解釈の方法が定められているため、検査者の主観的な判断を制限することができる。また、結果を標準化という統計処理が行われた指数によって表すことができるため、その人の発達の段階や性格などが他の人と比べてどの程度なのかを客観的に評価することができる。しかし、1つの心理検査によって明らかになることは限られており、必要に応じていくつかの検査を組み合わせて実施することも有効である。

　保育者として子どもに対して心理検査を実施するということはほとんど考えられない。心理検査はそれぞれの検査の背景となる理論を理解したうえで実施し、結果を解釈する必要があるため、専門家が行うことがのぞましい。一見すると、マニュアル通りに手続きを進めることで実施できそうなものだが、不十分な知識や技量で検査を実施することは子どもに負担をかけるばかりでなく、信頼できない結果をもとに子どもを理解することになり、悪影響を与えかねない。保育者として重要なことは、専門家が実施する心理検査の意味を知り、解釈と介入方略を日常の保育の計画に反映させることで検査を活用するということである。特に、子どもの状態は数値で表されるものではなく、心理検査によって明らかになるのは子どもの状態の一側面であるということを忘れてはならない。また、心理検査はそれぞれ発行された年が異なっている。新しい検査は最新の学説や現代の子どもをとりまく情勢などを反映したものになっているが、古くから用いられている検査は検査項目が現代社会における生活に合わなくなってきているものもある。重要なことは、子どもの状態をどれだけ客観的に評価できるかどうかであるので、検査の結果を慎重に解釈することが求められる。

　以下に、保育に関連して用いられる心理検査の例を紹介する。

1. 発達検査

　発達検査は、主に就学前の乳幼児の全般的な発達段階を評価する際に用いられる。姿勢・運動・操作面や社会・情動の発達など、言語面だけでなくさまざまな領域の発達段階を、観察を通じて検査するため、乳児や障害のある子どもにも活用することができる。検査の方法は、検査者が検査課題を提示して子どもの反応を観察する方法と、日常の子どもの様子を保護者や保育者が回答する方法の2つに大別される。

① **新版K式発達検査2001**（Kyoto Scale of Psychological Development 2001）
［対象］0才～成人（2002年）

　保護者からの聞き取りに頼らず、検査場面における子どもの行動を観察することで子どもの状態を客観的に評価する。結果として「姿勢－運動」「認知－適応」「言語－社会」の3つの領域と、総合的な全領域に分けて発達年齢（DA: Developmental Age）、発達指数（DQ: Developmental Quotient）を得ることができる。保健センターや児童相談所などでの乳幼児の発達相談において、詳細な発達段階を評価し、保護者への助言へ活用するために実施されることが多い。

② **KIDS乳幼児発達スケール**（Kinder Infant Development Scale）
［対象］0才1か月～6才11か月（1989年）

　新版K式発達検査は検査場面における子どもの反応を検査者が観察する検査であるが、KIDS乳幼児発達スケールは保護者や保育者が質問紙に回答を記入することで、速く容易に実施できる検査である。結果は年齢段階によって異なるが、「運動」「操作」「理解言語」「表出言語」「概念」「対子ども社会性」「対成人社会性」「しつけ」「食事」などの領域別に表され、発達年齢および発達指数によって示される。0才児用、1～2才児用、3～6才児用、発達に遅れがある子ども用の4種類のタイプからなる。容易に実施できることから、乳幼児健診の問診や発達相談の初回面接の際などに利用されることもある。

③ **津守式乳幼児精神発達診断法**
［対象］0才～7才（1961年）

質問紙を使用し、保護者や保育者の情報から発達段階を評価するものである。1～12か月用、1～3才用、3～7才用の3種類があり、3才までは主に家庭場面における行動を、3才以降は主に幼稚園等の生活場面における行動を評価する。また、子どもの発達段階は「運動」「探索・操作」「社会」「食事・排泄・生活習慣」「理解・言語」の5つの領域から評価する。結果は領域ごとに発達年齢によって示され、知能検査におけるIQとの相関が低く、発達指数の算出はされない。

④ **遠城寺式乳幼児分析的発達検査法**
［対象］0才～4才7か月（1977年）

「運動」（移動運動・手の運動）、「社会性」（基本的習慣・対人関係）、「言語」（発語・言語理解）の分野ごとに評価。結果は発達指数で示され、知能検査におけるIQとの相関がある。保護者や保育者による情報や、子どもの検査時における行動をもとに評価する。比較的短時間に、容易に実施できるため、乳幼児健診の問診やスクリーニングに用いられることがある。

2．知能検査

知的能力の発達水準を評価する知能検査には、代表的なものとしてビネー式とウェクスラー式の2つの検査がある。ビネー式知能検査の特徴は同年齢の集団のなかでの知的発達水準を「個人間差」として評価できることである。一方、ウェクスラー式知能検査の特徴は1人の人間の知的発達水準を「個人内差」という観点から分析できる点にある。個人内差を分析することによって、その個人における得意な領域や苦手な領域を明らかにし、効果的な教育方法を計画することができる。2つの代表的な知能検査をはじめ、特に子どもの相談において利用されることの多い検査方法について、以下に紹介する。

① **田中・ビネー式知能検査Ⅴ**
［対象］2才～成人（2003年）

それぞれの生活年齢に相当する検査項目を「年齢級」ごとに実施する。検査項目はそれぞれ、「言語」「記憶」「運動」「数量」「推理」などさまざまな内

容から構成される。どの年齢級の検査項目まで実施できるかによって「精神年齢（MA: Mental Age）」を示し、実際の生活年齢との比から「知能指数（IQ: Intelligent Quotient）」という指標で知的発達水準を算出する。

② ウェクスラー式知能検査

ウェクスラー式知能検査は対象年齢ごとに次の３つが実施される。これらの検査では個人内における知的発達水準のばらつきを分析することができる。

・WPPSI（Wechsler Preschool and Primary Scale of Intelligence）

［対象］３才10か月〜７才１か月（1969年）

幼児の知的発達水準を調べるために、言語性IQ、動作性IQ、全検査IQの３種類のIQが算出される。言語性検査と動作性検査から評価点を算出し、幼児の知的発達の状態を個人内差の観点から分析的に判断することもできるが、検査自体が古いものであり時代に合わなくなってきているという批判もある。改訂版であるWPPSI-Ⅲの作成が進められているが、発行時期は未定である。

・WISC-Ⅳ（Wechsler Intelligence Scale for Children-4th edition）

［対象］５〜16才11か月（2011年）

児童の知的発達水準を個人内差の観点からより多面的に把握することのできる、代表的な知能検査法であるWISCの最新版である。検査は15の下位検査で構成されており、全体的な認知能力を表す全検査IQと、「言語理解」「ワーキングメモリー」「知覚推理」「処理速度」の４つの指標得点が算出される。

・WAIS-Ⅲ（Wechsler Adult Intelligence Scale-3rd edition）

［対象］16〜89才（2006年）

現在、世界で最も利用されている総合的成人知能検査である[3]。検査は14の下位検査で構成されており、全体的な知的水準を把握する全検査IQ、言語的知能を示す言語性IQ、非言語的知能を示す動作性IQのほか、「言語理解」「知覚統合」「作動記憶」「処理速度」の４つの群指数を測定し、多面的な把握や解釈が可能である。対象年齢が成人であることから、保育者にとっては大きく関係することは少ないだろう。

③ K-ABC心理・教育アセスメントバッテリー[*1]（Kaufman Assessment Battery for Children）

［対象］２才６か月〜12才11か月（1993年）

カウフマン（Kaufman, A. S.）らによって開発され、情報処理能力から子どもの知的機能を分析する心理検査である。検査は、情報を処理して問題を解決する能力を評価する認知処理尺度と、言葉や数の知識や読み能力を評価する習得度尺度から構成されている。これらの結果を分析することにより、子どもの得意な認知処理の方法を知ることができ、指導への手がかりとすることができる。また、大きな特徴として、ウェクスラー式検査では言語教示に対する反応が求められることが多いのに対し、K-ABCでは下位検査で視覚刺激が用いられることが多く、客観的なアセスメントが難しい幼児や発達障害のある子どもにも比較的容易に実施することができる。

結果はIQではなく偏差値で示されるため、WISC-Ⅳなどの検査と組み合わせてアセスメントが行われることが多い。

④ **DN-CAS認知評価システム**（Das-Naglieri Cognitive Assessment System）

［対象］5才0か月〜17才11か月（2007年）

ダス（Das, J. P.）によって提唱された「プランニング（Planning）」「注意（Attention）」「同時処理（Simultaneous）」「継次処理（Successive）」という4つの認知機能の側面から子どもの発達の様子をとらえるPASS理論に基づいた心理検査である。検査は12の下位検査から構成されており、言葉や知識に頼らずに知的水準を評価できるよう工夫されているため、新しい課題に対応する能力を評価することができる。

また、発達障害の子どもに見られる認知的偏りの傾向をとらえることができ、その援助の手がかりを得るために有効である。

⑤ **PVT-R絵画語い発達検査**（Picture Vocabulary Test-Revised）

［対象］3才0か月〜12才3か月（2008年）

4コマの絵のなかから検査者の言う単語に最もふさわしい絵を選択させ、「語いの理解力」の発達水準を評価する。短時間に実施することができるため、ほかの検査と組み合わせて行われることが多い。

＊1　K-ABCは、2013年8月に「KABC-Ⅱ」として改訂・販売されている。この改訂では、旧版の3つの下位検査が削除され、あらたに9つの下位検査を加えるとともに対象年齢を2歳6か月から18歳11か月まで拡大している。

3．性格検査

　性格検査には、大きく分けて「質問紙法」と「投影法」の2つがある。
　質問紙法は性格に関する質問項目に対して「はい」「いいえ」などで回答し、その結果から性格特徴を評価する方法である。質問は文章で提示されるため、文章理解のできない幼児や障害のある子どもは実施が難しい。
　投影法とは、あいまいで多義性のある刺激に対して見たり感じたりするままに回答し、その結果からその人の性格特徴を評価する方法である。比較的自由な反応が許される検査技法であり、性格のさまざまな側面を知ることができる検査であるが、実施の方法から分析や解釈まで完全に修得し適切に利用するためには高度な知識や技術、経験が必要とされる。そのため保育者が実施することはなく、検査の方法についての知識もほとんど必要ないと考えられるが、幼児に対して実施される可能性のある性格検査について、以下に参考程度に紹介する。

① TS式幼児・児童性格診断検査
［対象］3才～小学6年（1997年）
　高木俊一郎らによって開発された、保護者や保育者に対して実施する質問紙法であり、就学前の子どもに適用できる数少ない性格検査である。子どもの性格のタイプ分けが目的ではなく、性格形成の基礎段階にある子どもたちを客観的に把握することで、養育上必要な配慮を検討するための検査である。検査項目は11であり、「顕示性」「神経質」「情緒不安」「自制力」「依存性」「退行性」「攻撃性」「社会性」「家庭適応」「学校適応」「体質傾向」について診断することができる。

② ロールシャッハ・テスト（Rorshach Test）
［対象］幼児～成人（1921年）
　インクのシミを用いて描いたあいまいな図版10枚を見て、何に見えるかという反応から性格を評価する。

③ P-Fスタディ（Picture-Frustration Study：絵画欲求不満テスト）
［対象］4才～14才（児童用：2006年改訂）

日常的に起こりうる欲求不満場面を絵で示し、それに対する言語的反応を通して性格特徴を評価する。対象年齢によって、児童用のほかに15才以上を対象とする成人用、12才から20才を対象とする青年用がある。自由な言語反応を解釈する方法のため、検査者には特に高度な専門的知識が求められる。

④ 投影描画法

［対象］幼児〜成人

　被検者の描いた絵からその人の性格を評価する検査で、描く絵の内容によっていくつかの種類がある。

- **人物画検査**
- **樹木画検査**（バウムテスト）
- **HTP**（House Person Tree Test）

　「人」を描出させる場合は人物画検査、「木」を描出させる場合は樹木画検査（バウムテスト）と呼ばれる。また、HTPでは、被検者に家、木、人の順番に絵を描いてもらい、絵に対する質問を行う方法である。これらの検査では、描かれた絵に投影された、被検者の感情や性格を分析していく。

- **動的家族描画テスト**（KFD: Kinetic Family Drawing）

　被検者に、家族で何かをしている場面の絵を描いてもらい、絵に対する質問を行う。描かれた絵に投影された被検者の性格や家族関係の状態を分析していく検査である。

4 ── 行動観察によるアセスメント
─保育者にとって最も効果的なアセスメント方法─

　日常生活場面や保育場面における子どもの状態をアセスメントする方法の1つとして、行動観察がある。心理検査を用いたアセスメントを保育者が実施することは難しいが、保育場面の様子を最も把握することができるのは保育者であるため、行動観察は保育者にとって最も実施しやすく、効果的なアセスメント方法であるといえる。

1．ターゲット行動の設定

　行動観察によるアセスメントも心理アセスメントの方法の1つである以上、子どもの状態を客観的に理解する必要がある。一般的な行動観察の記録として、保育日誌による記述があるが、日誌形式の記録には主観的な判断が入りがちである。客観的な行動観察を行うためには、具体的にどのような行動を観察するのかをあらかじめ決めておき、ターゲット（標的）となる行動について記録していくことが重要である。

　具体的な行動とは、第三者が見ても同じように判断できる行動のことである。たとえば、「かんしゃくを起こす」という行動を考えてみる。同じ子どもの示す同じ行動について、ある保育者はかんしゃくととらえ、記録するかもしれないが、他の保育者は大泣きしているだけだととらえるかもしれない。観察者によって記録が異なるということは、客観的な記録といえない。しかし、たとえばかんしゃくを「泣き叫びながら床に寝転がって壁や床を蹴ったり、物を投げる行動」と定義すれば、複数の観察者間で同じ行動を記録することができるだろう。また、「急いで次の活動をはじめる」というのは「急ぐ」ということが主観的な判断になってしまうが、「5秒以内に次の活動をはじめる」などとすることで、客観的な評価が可能になる（表8－1）。

表8－1　ターゲットとなる行動の具体的な表記の例

ターゲットにできない行動の例	具体的な行動の例
意識する	言う
興味をもつ	近づく／接近する
確認する	印をつける
理解する	正解を言う
決める	1つ取り出す／指で指す
本を読む	音読する／1ページずつめくる
仲良くする	手をつなぐ

2．行動の前後の状況の記録

　行動観察では、ターゲットとなる行動だけを観察するのではなく、その行動がどのような状況で何がきっかけとなって起こったのか、また、その行動の結果、子どもが何を得たのか、あるいは何をしなくてすんだのか、といった前後の状況を分けて記録し分析することが重要である。行動が起こる前後で子どもを中心とした状況がどのように変化したのかを分析することにより、子どもの心の状態や、行動を増やしたり減らしたりするための環境調整の方法について考えることができる。下の事例で考えてみよう。

　事例２：「"なぜ"泣いているの？」

　　３才女児。入園後半年以上経過し、園での生活にも慣れてきた。しかし、11月頃から登園時に毎日玄関で泣き出すようになった。泣くという行動をターゲット行動として前後の状況を観察した結果、登園後は着替えをして園庭に出るという日課であるところを、泣き続けることによって着替えの時間が間に合わず、落ち着くまで職員室で過ごしていることが明らかとなった。

　この事例の女児の場合、泣くという行動の生起要因として考えられることは「職員室で過ごすことができる」ということだろう。さらに、「①職員室でほかの先生と一緒にいることができる」、「②保育室は寒いが職員室は暖かい」、「③園庭に出るのを遅らせることができる」などが考えられる。つまり子どもの心の状態としては「①先生と一緒にいたい」、「②寒い」、「③園庭に行きたくない」ということである。この状況を改善するためには「①担任の先生が一緒にいてあげる」、「②保育室を暖める」、「③厚着をさせる、あるいは他児と楽しく遊べるように援助する」といった環境調整や配慮が考えられる。このような具体的な問題解決のアプローチを考えるために、行動観察が重要となる。

3
●心理アセスメントの実際●

1 ── 心理アセスメントの結果の解釈

　先にも述べた通り、保育者として重要なことはどのような心理アセスメントを実施するかということではなく、保育者が保育場面において実施可能な範囲で心理アセスメントを実施し、場合によっては心理検査を含む専門家による心理アセスメントの結果をどのように解釈するかということである。特に、心理検査によるアセスメントに関しては、知能指数や発達指数のような客観的数値が明らかになるため、慎重に取り扱う必要がある。

　ビネー式知能検査やウェクスラー式知能検査など、多くの標準化された知能検査、発達検査では、年齢相応の平均的な知能指数（IQ）、発達指数（DQ）は100となる。つまり、IQやDQが100であれば、年齢相応の発達段階にあると言える。多くの標準化された心理検査の場合、100を中心として、±15～20の範囲内に全体の約70％が、±30～35の範囲内に全体の約95％が入るように設定されている。すなわち、IQやDQが65～70以下、115～120以上の子どもが統計的には20人に1人程度の割合で存在するということである。

　重要なのは、IQやDQの数値の高低ではなく、その子どもの得意なこと、苦手なことを把握し、問題の解決や日常の保育に活用することである。
　当然であるが、IQやDQなどの数値によって子どもの価値が決まるわけではない。IQが50であった子どもが、IQが90であった子どもより劣っているということは決してない。心理アセスメントとして重要なことは、このような指数の高低を知ることではなく、この結果をどのように解釈し、保育に活用していくかということである。確かに、IQが平均よりも低いことによってさまざまな場面において困難となることがあるかもしれない。しかし、そのなかでも見たものを記憶することが得意であるとか、いくつかの図形を組み合わせて新しい形をつくることが得意であるとか、それぞれ得意な領域や苦

手な領域があるだろう。そのような個人内における発達水準のバランスを把握し、得意な能力をうまく活用することができれば、効果的な支援につなげることができる。

2 ── 保育の計画への活用
─保育者として専門家の検査結果を保育の計画に活用していく─

　心理検査は主として専門家が行うものであり、専門家は子どもの現在の状態や今後の課題を明確にし、結果の解釈から家庭や保育場面への活用の方法まで示すことが求められている。しかし、専門家が示す保育場面への活用例は実際の保育場面の観察を踏まえずに示されることがあり、また、園の方針や保育者の保育観との相違がある場合もあり、必ずしもそのまま適用できるとは限らない。さらに、心理検査以外の方法と組み合わせて心理アセスメントを行うことが効果的であることから、保育者がいかにアセスメントの結果を保育の計画に活用していくかが重要となる。

　『保育所保育指針』や『幼稚園教育要領』においては、子ども一人ひとりの実態を把握して保育を行うこととされており、特に障害や発達の遅れがある子どもに対して個別に支援計画や指導計画を作成することが求められている。個別の支援計画の作成には子どもの実態の詳細な把握が不可欠であり、そのためには心理アセスメントを活用することが必要である。また、障害のない子どもも含めて、日々の保育活動は心理アセスメントの結果を踏まえて計画される必要がある。

　たとえば、聞いて理解するのは苦手だが絵や文字を見て理解するのは得意な子どもがいれば、視覚刺激を用いた教示の方法を検討することが有効である。ものの貸し借りや順番待ちができないことでトラブルを起こしやすい子どもがいれば、理解しやすい方法を用いて練習することを保育活動中に取り入れるように検討するとよいかもしれない。

　重要なことは、心理アセスメントの結果に縛られて保育活動を計画するのではなく、保育課程や教育課程に基づく保育活動の大きな自然の流れのなか

に、どのように問題解決のアプローチを組み込んでいくかということである。そのためには、保育者が心理アセスメントの意義や重要性を理解している必要があり、また、専門家と連携して心理アセスメントの結果をどのように活用すればよいか、検討していく必要がある。

【引用文献】
1) 小嶋玲子「子どもと親の心の問題への理解」橋本敏・福永博文・伊藤健次編著『子どもの理解とカウンセリング』みらい　2001年　p.58
2) 上野一彦「知能検査とアセスメント」藤田和弘・上野一彦・前川久男・石隈利紀・大六一志編著『WISC-Ⅲアセスメント事例集－理論と実際－』日本文化科学社　2005年　p.2
3) 山中克夫「WAIS-Ⅲ」小林重雄監修『自閉症教育基本用語事典』学苑社　2012年　p.21

【参考文献】
橋本敏・福永博文・伊藤健次編著『子どもの理解とカウンセリング』みらい　2001年
川畑隆・菅野道英・大島剛・宮井研治・笹川宏樹・梁川惠・伏見真里子・衣斐哲臣『発達相談と援助－新版K式発達検査2001を用いた心理臨床－』ミネルヴァ書房　2005年
藤田和弘・上野一彦・前川久男・石隈利紀・大六一志編著『WISC-Ⅲアセスメント事例集－理論と実際－』日本文化科学社　2005年
小林重雄監修『自閉症教育基本用語事典』学苑社　2012年
厚生労働省編『保育所保育指針解説書』フレーベル館　2008年
文部科学省編『幼稚園教育要領解説』フレーベル館　2008年

第9章 相談援助と子育て支援

1 家族へのカウンセリングアプローチと子育て支援

1 ── 家族へのカウンセリングアプローチ

　家族へのカウンセリングアプローチを考える際に重要な視点として、システムズアプローチがある。このアプローチは、家族をシステムととらえ、問題が起こり、維持している状態を見極め、悪循環を変えて行こうとするアプローチである。家族内に何か問題が起こると、どうしても何が悪かったのか、誰が悪かったのかと考えがちである。そういった原因探しや犯人探しの思考を変えていくことに有効なアプローチである。たとえば、子どもの問題行動について、母親の養育態度に原因を求められることが多いが、母親の養育態度に原因を求めていても、問題解決につながらないことが、図9-1を見るとみえてくると思われる。

　保育者がシステムズアプローチを用いた家族療法を実施することは少ないと考えられるが、保育者が相談を受ける場合もシステムズアプローチの視点をもっていることは、家族への支援に有効であると考えられる。

　また、どういったアプローチをとる場合にも相談を受ける際に基本的なこととして以下の点があげられる。

1．傾聴

　カウンセリングや相談援助のなかでいわれる「傾聴（active listening）」と

第9章 相談援助と子育て支援　139

祖父が心配し祖母に相談　→　祖母が母に忠告

↑　　　　　　　　　　　　　↓

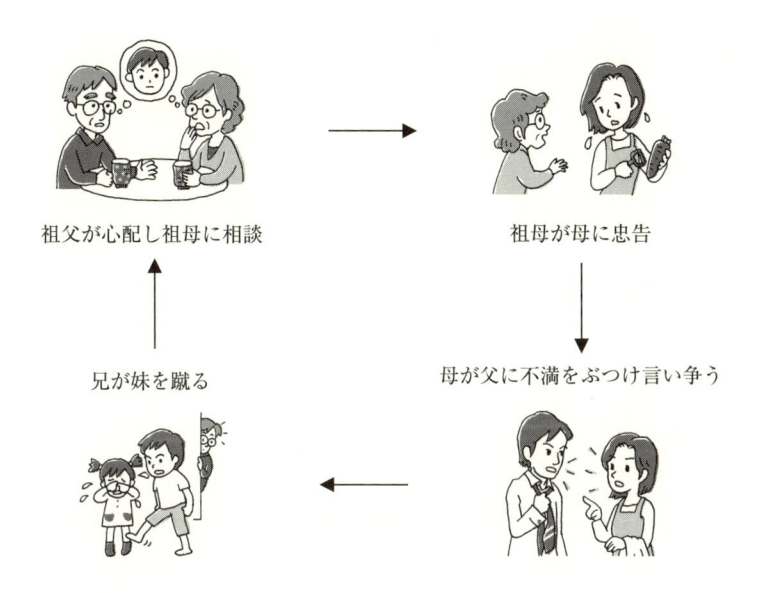

兄が妹を蹴る　←　母が父に不満をぶつけ言い争う

図9－1　家族内の関係の循環

出典：川畑隆『教師・保育士・保健師・相談支援員に役立つ子どもと家族の援助法──よりよい展開へのヒント』明石書店　2009年　p.35を一部改変

は、相談に訪れた方が、「この人は一所懸命わたしの話を聞いてくれている」という印象をもつよう積極的に耳を傾け、話を聴くことである。

　保育者と保護者との関係のなかで、保護者からどのような話を聞く場合も傾聴は基本である。日常会話から相談、または保育者にとっては苦情と思われるような場合も、傾聴の姿勢が求められる。保護者にとって、保育者に自分の話を聞いてもらえたという安心感から次に挙げる「信頼関係の構築」につながっていく。しかし実際は、相手の話を聞いているつもりでいても、つい自分の話になってしまうことは多いものである。保育者は、相手によかれと思って、自分の経験を話したりもする。保護者は自分の話を聞いてもらいたいと思って話していた場合でも、最終的には、保育者の話を聞いて終わったということになりがちである。また、保育者は、保護者に相談されると「正しく回答をしなければならない」という思いが強い場合が多い。その思いが

強すぎて、保護者が本当に訴えたいことを聴き逃してしまうことも起こる。傾聴とひとくちにいっても実際に実践するには、修練が必要なことが多いため、自分の話の聞き方を振り返り、何度も練習を繰り返すことが重要となる。普段の生活のなかで、家族や友人の話を聞く時も傾聴の姿勢を心がけてみると、自分の話しの聞き方の癖などにも気付くことができるかもしれない。

2．受容・共感・承認

　保育者が保護者の話を傾聴するなかで、保護者の考えや感情を受容し共感することが求められる。保育者自身の価値観とは異なる場合でも、保護者の考えや感情を尊重し、ありのままを受け入れていく。特に、「子どもがかわいく思えない」「子どもをひどく怒ってしまう」など、保護者にとって保育者に言いづらい内容は、ほかの話を保育者に受け入れてもらう経験を重ねて初めて話せるようになっていく。保育者と話す時に、「こんなことを言ったらおかしいと思われるのではないか」、「虐待していると思われるのではないか」と心配している保護者は多い。そのため、保育者がどのような話も否定せずに受け入れる姿勢を見せることが保護者の話すことへのためらいや心配を減らしていくことにつながる。また、子育ては、周囲からやって当たり前、できて当たり前と思われることが多く、ねぎらわれたり、認められたりするという機会が少ない。そのうえ、できていないことを責められるという保護者は多い。そのため、保育者は保護者の不安な気持ちや怒りなどに共感し、現状のなかで行っていること、頑張っているところ、良いところに常に目を向け、保護者にフィードバックしていくことが必要となる。

3．信頼関係の構築

　上記1と2を繰り返し行っていくなかで、保護者との信頼関係を構築することが家族への相談援助の際には、最も重要である。同じことを話す場合でも信頼関係の有無によって内容や伝わり方も異なる。自分自身に置き換えて考えてみるとどうだろうか。自分が信頼している相手であれば、悩みなどまで自己開示をし、相手の話も聞きたいと思うかもしれない。しかし、信頼し

ていない相手の場合には、自己開示も表面的になりがちなのではないだろうか。相談援助が成り立つかどうかも保護者との信頼関係の構築ができるかどうかにかかっていると言っても過言ではないため、まずは保護者や家族との信頼関係を築くことを目標とすることが重要である。

4．保護者の自己決定を促す

　保護者との信頼関係が構築され、相談も深まってくると、保護者は、保育者に「どうしたらいいか」、「どう思うか」など、解決策を求める場合がある。こういった場合、保育者が直接的な答えを言うよりも、保護者が自らの力で考え、自己決定をできるように支援していくことが求められる。カウンセリングや相談に対して、「悩みを解決してもらえる場」、「答えを教えてもらえる場」とイメージしている人も多いが、相談者である保護者自身が自分で問題解決ができるようなお手伝いの場であるということをいろいろな形で伝え、保育者は、そのための支援はどうしたらいいかを考えることが重要である。ただ、保護者の自己決定をと強く思うあまり、「自分で考えてください」などのような保育者から突き放されたと保護者に受け取られるような対応にはならないように注意したい。保護者によって対応に違いはあるが、たとえば保育者が選択肢を挙げて、保護者に考えてもらう場合もある。また、保護者が、これまで実際に取り組んできたことを丁寧に取り上げていくなどの支援方法も考えられるため、保護者に自己選択、自己決定を促すにはどうしたらいいかということを真剣に考えていくことが重要である。

　さらに、保護者と保育者の二者関係、または家族と保育者との間で、どのような相互作用が起きているかということに着目する必要がある。保育者としては、保護者や家族を励ましたいと思ったり、助言をしたいと思って話したことでも保護者や家族にとっては、自分を否定されたと感じたり、これまでの子育てがダメだったと言われたように感じたりすることも少なくない。自分の発した言葉や態度が相手にどう受け取られ、どのような影響をおよぼしているかに常に気を配っておくことが大切である。

2 ── 子育て支援

1．子育て支援のニーズ

　子育て支援のニーズは多岐に渡っているため、ニーズを的確にとらえることは重要である。たとえば、転勤者の多い地域では、母親1人で子育てをしており、友人や知人がなく、育児不安を抱えながらも誰にも相談できないで孤立している家族が多いかもしれない。また、祖父母との同居が多い地域では、祖父母と子育て方針の違いに悩んでいる家族が多いかもしれない。このように、地域や家族によって子育て支援のニーズも異なるため、どのようなニーズをもった家族が多いのかを把握することも大切である。さらに、同じ地域であっても家族や個人によってニーズや背景などは異なるため、個別に丁寧にみていくことが重要である。

2．保育所・幼稚園での子育て支援

　児童福祉法第18条の4において、「保育士とは、第18条の18第1項の登録を受け、保育士の名称を用いて、専門的知識及び技術をもって、児童の保育及び児童の保護者に対する保育に関する指導を行うことを業とする者をいう」と定められており、保育士の業務には、保護者に対する支援も含まれているということをしっかり押さえていくことが大切である。
　『保育所保育指針』では、総則に子育て支援が謳われ、さらに第6章「保護者に対する支援」において子育て支援について具体的に取り上げられている。第6章では、「保育所における保護者への支援は、保育士等の業務であり、その専門性を生かした子育て支援の役割は、特に重要なものである」[1]と明記され、保育所において子育て支援を担っていくことが重視されている。保育所における子育て支援には、「保育所に入所している子どもの保護者への支援」と「地域の子育て家族への支援」の両方が求められている。後者の支援の例として、園庭解放や一時預かり事業、病後児保育、子育てサークル等が挙げられる。また、保育所に子育て支援センターが併設されている園も多い。さらに、市町村からの委託を受け、放課後児童クラブを併設する園もあ

る。乳幼児期だけでなく、就学後も子育て支援が継続して行われている。

保育士養成の側面からは、厚生労働省に設置された保育士養成課程等検討会（2010）[2]により、保育士養成課程のカリキュラムが改定され「保育相談支援」という科目が新設された。この科目は、保育士が保育の専門性を生かしながら、どのように保護者の支援をしていくのかということを演習形式で学ぶようになっている。保育所での支援だけでなく、保育所以外の児童福祉施設など保育士が働く場においての保護者支援を学ぶようになっている。柏女（2011）[3]は、保育相談支援の技術として、表9－1のようにまとめている。この表をみると、保育士の相談支援の技術が多岐にわたっていることがわかる。保育相談支援は、柏女（2010）[4]によるとカウンセリングやソーシャルワークよりもガイダンス（助言）に近いと位置づけられているが、基本的な技術の部分では、共通する部分も多いと考えられる。さらに、保護者がより専門的な心理的援助を必要とする場合には、地域の専門機関につなぐ必要性があることも示されている（柏女，2011）[5]。

『幼稚園教育要領』[6]においては、第3章「指導計画及び教育課程に係る教育時間の終了後に行う教育活動などの留意事項」の第2に子育て支援の内容が明記されている。

> 2　幼稚園の運営に当たっては、子育ての支援のために保護者や地域の人々に機能や施設を開放して、園内体制の整備や関係機関との連携及び協力に配慮しつつ、幼児期の教育に関する相談に応じたり、情報を提供したり、幼児と保護者との登園を受け入れたり、保護者同士の交流の機会を提供したりするなど、地域における幼児期の教育センターとしての役割を果たすように努めること。

ここでも保育所と同様に、「幼稚園に通園している子どもの保護者への支援」だけでなく、「地域の子育て中の保護者への支援」も求められていることがわかる。たとえば、後者の例として、M市にある2つの大学附属幼稚園では、「チャイルド・ルーム」や「にこにこ教室」という名称を用いて、未就園の親子の支援を行っている。1か月に1～4回程度実施され、親子で一緒にいろいろな遊びの体験ができ、ほかの親子との交流ができるようになってい

表9-1 保育相談支援技術例

	No. 技術の名称	技術の解説
受信型	1 観察	視覚的、聴覚的な情報から子どもや親の行動、状態、経過等の事実を捉える技術。観察は、保育技術の視点から行われる。
	2 情報収集	保護者や子どもの家庭での状態、家族関係等の情報を収集する技術。
	3 状態の読み取り	観察や情報収集により把握された情報を保育の知識から分析を行い、保護者や子どもの状態を捉える行為。
	4 共感・同様の体感	保護者の心情や状況への理解を共有する技術。また、保護者と同様の体感を共有する状態。
発信型	5 承認	保護者がすでに行っている子育てにおける行為に着目し、保護者の行為によって生じた子どもの変化を伝える等により、保護者の親としての心情や態度を認める技術。
	6 支持	承認と同様に保護者がすでに行っている子育てにおける行為を保育技術の視点から把握し、保護者の子どもや子育てへの意欲や態度が継続されるよう働きかける技術。
	7 気持ちの代弁	現象から保護者や子どもの心情を読み取って他者に伝える技術。
	8 伝達	個別の子どもや他の保護者の状態、時に保育士の心情や状態のありのままを分析を加えず伝える技術。
	9 解説	観察等により把握された現象に、保育技術の視点から分析を加えて伝える技術。
	10 情報提供	個別の子どもの心情や状態ではなく、一般的な保育や子育て、子どもに関する情報を提供する技術。
	11 方法の提案	保護者の子育てに活用可能な具合的方法を提案する技術。
	12 対応の提示	保育士が子どもや保護者に今後どのように対応するか、保育士側の対応を具体的に伝える技術。
	13 物理的環境の構成	保護者を支援することを目的として、物理的環境を構成する技術。
	14 行動見本の提示	保護者が活用可能な子育ての方法を、主として保育士が実際の行動で提示する技術。
	15 体験の提供	保護者が子育ての方法を獲得するための体験を提供する技術。

出典:柏女霊峰・橋本真紀編著『保育相談支援』ミネルヴァ書房　2011年　p.55

る。また、子育てに関する相談も受けている。

3．地域子育て支援拠点事業

　厚生労働省（2007）[7]は、地域の子育て支援機能の充実を図り、子育ての不安感等を緩和し、子どもの健やかな育ちを促進することを目的として、地域子育て支援拠点事業を展開している。実施形態は一般型、連携型、地域機能強化型の３つに分かれている。事業内容としては、①子育て親子の交流の場の提供と交流の促進、②子育て等に関する相談・援助の実施、③地域の子育て関連情報の提供、④子育ておよび子育て支援に関する講習等の実施、これら４つすべてを実施することとなっている。ここでは、一般型である子育て支援センターでの支援についてみていきたい。

4．子育て支援センターでの支援

　子育て支援センターは、市町村が直接運営している施設と社会福祉法人や医療法人等に委託し、保育所や病院等に併設されている施設がある。センターでの支援を上記①〜④の事業内容にそってみていこう。

①　子育て親子の交流の場の提供と交流の促進

　子育て支援センターでの親子の交流や子育てサークルの支援などを行っている。自由に来所して親子で遊ぶ日もあれば、○○遊び（新聞紙で遊ぼう、木のおもちゃをつくってみよう等）、誕生会、親子や母親を対象としたプログラム（英会話、体操など多岐にわたる）が準備されている日もある。また、季節に合わせて、クリスマス会やもちつき大会など親子で楽しめる行事も行われる。子育て支援センターのホームページや通信を出している場合が多く、行事の日程や参加方法等も記載されている。

　子育てサークルの支援は、センターで子育てサークルを実施する場合もあるが、地域の子育てサークルにおもちゃや紙芝居、絵本などを貸し出す場合もある。

②　子育て等に関する相談・援助の実施

　子育てに対して、不安や悩みを持っている親子へ相談や援助を行っている。

センターへ来所しての相談だけでなく、電話相談やメールでの相談を受けているセンターもある。来所しての相談の場合は、第1項で上述した基本的な対応を心がけることが重要である。電話相談の場合は、相手が見えないため、より慎重な対応が必要である。こちらの聴き方や話し方ひとつで、途中、電話を切られたりする場合もある。また、時間が長くなりすぎる場合は、来所を促すなどの対応も求められる。一度、電話相談のロールプレイを行ってみると、相談者は、いかに最初のひとことが出にくいかという事を体験できる。また、メールでの相談は、気軽に相談できるという利点があるが、文章だけのやりとりとなるため、誤解をまねきやすいという弱点もある。各種相談方法の利点や弱点を知っておくことが必要である。

③　地域の子育て関連情報の提供

地域の子育て親子が必要とする情報を提供している。たとえば、夜間急病になった際に診てもらえる病院や一時預かり（一時保育）を行っている保育所、休日保育や病後児保育を行っている場所などの情報を提供している。

④　子育ておよび子育て支援に関する講習等の実施

月に1回以上、子育て支援セミナー等の講習を開催している。食育や子どもの発達、健康など幅広い内容の講習が開催されている。

上記①〜④に加えて、子育て支援センターでは、「地域の子育て拠点として地域の子育て支援活動の展開を図るための取組」や「出張ひろばの実施」を行う。

保育者を目指す学生は、子育て支援センターへボランティア等へ行き、子育て親子への支援を体験してほしい。次頁に子育てサークルの演習を用意した。保育者と保護者になったつもりでロールプレイをしてみよう。

●演習：子育てサークルのロールプレイをしてみよう

実施場所：保育所に併設されている子育て支援センター
運 営 者：子育て支援センターの保育者
参 加 者：乳幼児を育てている保護者
回　　数：第1回目

＜手　順＞
①子育て支援サークルに参加するメンバー役（保護者役）の設定を考える。
　　設定内容：子どもの人数、子どもの年齢、子どもの性別、家族構成、子育ての悩み、子育ての喜び、その他（自由に設定して良い）
②子育て支援サークルを始める保育者役のセリフを考える。
　　・あいさつ
　　・子育て支援サークルの目的や活動内容、日時等
　　・保護者の不安を解消し、参加への意欲を高める働きかけ
　　・保護者の方の自己紹介等へのつなぎ
③4人ひと組になって、保育者役になる順番を決める。
④順番に保育者役になり、最初のセリフを言う。
⑤メンバー（保護者）役の人は、保育者からの質問や促しに応えて、自己紹介等をする。
⑥保育者役のよかった点、こうしたらもっとよかった点を一人ずつメンバーからフィードバックする。
⑦全員が保育者役を終えたら、保護者役、保育者役になった感想を伝えあい、子育て支援サークルでの保育者の役割を考える。

2
●専門機関との連携●

保育所や幼稚園と専門機関の連携は、地域全体で家族を支えていくためにとても重要である。地域にある専門機関とは、どのような機関を指すのであろうか。以下に保育所や幼稚園が連携を行う主な専門機関を取り上げていきたい（第12章も参照のこと）。

1 ── 保健所・保健センター

保健師・医師・心理士など多くの専門職が在職する機関であり、母子保健や地域の健康維持を担う機関である。母子保健のなかでも重要な役割として、乳幼児健康診査や健診後のフォローアップなどがある。1歳6か月健診、3歳児健診で発達の気になる子どもがいた場合、「遊びの教室」などの名称を用いて、親子で参加できる事後指導の機会を設けている。また、5歳児健康診査を実施しているところも増えてきている。保育者が保健師との連携を密にしておくことは、発達上の課題のある子どもへの対応や保護者のメンタルヘルスの相談等のためにもとても重要である。

2 ── 児童相談所

児童福祉法によって定められ都道府県および政令指定都市に設置が義務づけられている児童福祉の専門機関である。2011年（平成23年）12月現在で、全国に206か所設置されている[8]。児童虐待が疑われる場合には、児童相談所へ通告することが義務づけられている。一時保護機能や措置機能があり、児童虐待から保護された子どもたちを保護し、乳児院や児童養護施設へ入所するための決定を行っている。ほかにも育成相談、障害相談なども行っている。保育所や幼稚園などで、児童虐待が疑われた際には、早めに園内で相談し、通告をためらわずに行うことが大切である。守秘義務との関係を心配す

る人もいるかもしれないが、児童虐待の通告に関しては、守秘義務違反にはならない。また、通告者が誰であるかなどの情報は守られる。児童相談所に連絡したからといって、緊急性が高くなければ、すぐに親子を引き離すなどのことは行われない。そのため、安心して早めに児童相談所へ連絡をすることが子どもを守るため、また、保護者の支援のためにも重要である。

3 ── 児童発達支援センター

　M市にある総合発達支援センターを例に挙げて説明しよう。M市総合発達支援センターは、診療部、通所部、地域生活支援部の3つに分かれており、診断から療育、地域への支援と幅広い取り組みが行われている。

4 ── 特別支援学校

　2004年（平成19年）4月に施行された改正学校教育基本法により盲学校、聾学校、養護学校が、特別支援学校に変わった。ひとつの障害種だけでなく、複数の障害種の学校とすることができるようになったため、重複障害をもつ子どもたちにとって通いやすくなっている。また、特別支援学校は、地域の特別支援教育におけるセンター的機能を担う機関である。地域への巡回相談等も行っているため、保育所や幼稚園での相談も可能である。

　専門機関をいくつか紹介したが、地域には多くの専門機関、関係機関が存在する。多くの機関の円滑な連携や協力のために、要保護児童対策地域連絡協議会（子どもを守る地域ネットワーク）が設置されている。要保護児童対策地域連絡協議会とは、児童福祉法第6条の3に規定されている要保護児童（保護者のない児童又は保護者に監護させることが不適当であると認められる児童）の早期発見や適切な保護を図るため、要保護児童の情報や考え方を共有し適切な連携の下で対応するためのネットワークである。つまり、虐待を受けている子どもたちや非行児童たちを機関の垣根を越えて、保護、支援

しようという取り組みである。構成員は、表9－2に示されている。必要に応じて、この表以外の人も構成員になることが可能である。この表をみると、子どもを守るためには、多くの機関や専門職が連携を取ることが必要なことがわかる。また、保育者は、子どもや保護者に日常的に接しているため、児童虐待の発見やその後の支援にとって、とても重要な役割を担っているということがみえてくる。

　いずれの機関と連携する場合でも、「顔の見える連携」を行うことが重要である。たとえば、保護者に専門機関を紹介する場合も、「○○保健センターに行ってみませんか」と言う場合と「○○保健センターの△△さんという保健師さんは、とってもよく相談にのってくださいますよ。一度、行ってみませんか」と言う場合では、保護者に違った印象を与えると考えられる。後者のように専門機関を具体的に紹介できることが保護者の安心感や行ってみようという気持ちにつながる。顔の見える連携について、イメージしやすくするために、あなたが友人や知人からレストランを紹介してもらうことを想像してみよう。友人や知人から「○○という店にある△△という料理は、おいしいらしい」と聞くのと、「○○という店の△△はとってもおいしかった」と聞くのでは、後者の方がより説得力が高まり、あなたが、そのお店に行ってみようという気持ちも高まるのではないだろうか。このように実際に行ったことのある場所や会ったことある人については、具体的に伝えることができる。そのため、できる限り実際の専門機関に出向き、保健師、児童福祉司、心理士、教員、医師など多くの専門職の人と実際に会って話をすることが重要である。会議等だけでなく、機会を見つけては、療育や乳幼児健診などの場に行ってみることが望ましい。

表9-2 要保護児童対策地域協議会構成員

【児童福祉関係】
・市町村の児童福祉、母子保健等の担当部局
・児童相談所
・福祉事務所（家庭児童相談室）
・保育所（地域子育て支援センター）
・児童養護施設等の児童福祉施設
・児童家庭支援センター
・里親
・児童館
・民生・児童委員協議会、主任児童委員、民生・児童委員
・社会福祉士
・社会福祉協議会
【保健医療関係】
・市町村保健センター
・保健所
・地区医師会、地区歯科医師会、地区看護協会
・医療機関
・医師、歯科医師、保健師、助産師、看護師
・精神保健福祉士
・カウンセラー（臨床心理士等）
【教育関係】
・教育委員会
・幼稚園、小学校、中学校、高等学校、盲学校、聾（ろう）学校、養護学校等の学校
【警察・司法関係】
・警察（警視庁及び道府県警察本部・警察署）
・弁護士会、弁護士
【人権擁護関係】
・法務局
・人権擁護委員
【配偶者からの暴力関係】
・配偶者暴力相談センター等配偶者からの暴力に対応している機関
【その他】
・NPO
・ボランティア
・民間団体

出典：厚生労働省『要保護児童対策地域協議会設置・運営指針』pp.7-8

【引用文献】
1）厚生労働省『保育所保育指針』フレーベル館　2008年　p.31
2）保育士養成課程等検討会『保育士養成課程等の改正について（中間まとめ）』2010年 pp.5-6
3）柏女霊峰・橋本真紀編著『保育相談支援』ミネルヴァ書房　2011年　p.55
4）柏女霊峰・橋本真紀『増補版保育者の保護者支援―保育相談支援の原理と技術』フレーベル館　2010年　p.22
5）柏女霊峰・橋本真紀編著『保育相談支援』ミネルヴァ書房　2011年　pp.46-47
6）文部科学省『幼稚園教育要領＜平成20年告示＞』フレーベル館　2008年　p.16
7）厚生労働省『地域子育て支援拠点事業実施のご案内』2007年
　　http://www.mhlw.go.jp/bunya/kodomo/pdf/gaido.pdf
8）厚生労働省『平成23年度全国児童相談所一覧』
　　http://www.mhlw.go.jp/bunya/kodomo/dv30/h23.html

【参考文献】
橋本敏・福永博文・伊藤健次編著『子どもの理解とカウンセリング』みらい　2001年

第3部　子ども臨床の実際

第10章
ライフサイクルと子ども臨床

1
●生涯発達の視点と発達援助●

　1800年代後半に、人間の発達を実証的に記録しようとしたきっかけは、進化論で知られるダーウイン（Darwin, C.）にある。その後、人間の発達は受精から死に至るまで生涯にわたって発達し、その過程は連続的であるといわれてきたが、実際に発達心理学が対象としたのは個体が身体的心理的に成熟するまでであった。つまり、幼児期から青年期までの心理学である。しかし、現在は生涯発達心理学（life-span developmental psychology）が提唱されている。

　生涯発達心理学の発展に重要な貢献をしたのは、ハヴィガースト（Havighurst, R. J.）、エリクソン（Erikson, E. H.）、バルテス（Balltes, P. B.）らである。バルテスは1970年代から、生涯発達心理学を提唱し、「発達を生涯にわたる過程であるとして考えること、発達の多方向性および多次元性を考慮すること、発達のどのような時期をも獲得（成長）と喪失（衰退）のダイナミックスとしてとらえること、認知機能の可塑性を考慮すること（特に青年期後半）、発達は歴史的社会的文化的制約を考慮すること」[1]などを主張し、発達について新たな視点をもたらした。

　一般的な発達段階は、その特徴を年齢に対応させて胎児期、新生児期、乳児期、幼児期、児童期、青年期、成人期、老年期に区分される。そして、それぞれの発達段階には共通の課題がある。人が順調に発達し、現在の段階から次の段階にスムーズに移行するにはそれぞれの発達段階で習得すべき課題

第10章 ライフサイクルと子ども臨床 155

があるとする考え方である。このような課題を発達課題と呼ぶ（p.20参照）。発達課題を達成することが困難で、自ら達成することができずに、その後の発達が阻害されるような危機的状況では、発達ニーズに対応する専門的、意図的、計画的な援助活動が必要となる。

　子どもの不適応行動の解決には、その子の抱える問題や困難と発達段階における課題とを見通す視点と、子どもを取り巻く環境を調整し、子どもの発達をうながしたり新たな方向性を見いだす心理的対応を行うことが大切である。

　本章では人の発達と臨床的課題について、出生前の胎児期から青年期までみていく。

2 ●胎児期・乳児期・幼児期と心理的問題●

　乳幼児期は生涯発達という観点からすれば、成長・発達が最も著しい変化をとげる時期である。この時期、乳児からの積極的・主体的な働きかけと母親との相互関係によって愛着が形成される。愛着は子どもの生涯を通して、あらゆる人との基本的信頼感の基礎となる極めて重要なものである。愛着形成や基本的生活習慣の自立がうまく行われないと、自我の発達に障害をもたらしたり、それが遠因となって問題行動に結びついたり、情緒障害が幼児期から青年期に現れることもある。自我の発達の過程は、その後の人格形成にさまざまなかたちで影響をおよぼすと考えられる。

1 ── 胎児期

1．人間の発達は胎児期から

　従来、胎児は母親の身体の一部として臍の緒によって栄養をもらうものであり、胎児は無力であると思われてきた。しかし、科学技術の進歩により、胎児の身体や機能の変化を超音波断層（エコー）などで観察することが可能になった結果、胎児は極めて能動的で積極的であり、外界の環境や出来事を

自分の内側に取り入れようとしていることがわかった。そして、人間の認知システムの発達において、誕生が起点ではなく、すでに誕生以前から活動を開始していることが明らかになりつつある。

　生まれてくるまでの、母体の子宮内にいる赤ちゃんを胎児（fetus）といい、出生するまでの時期を胎児期というが、胎児について生物学的にその発達をみると、1個の受精卵として着床するまでの2週間（卵体期）、着床から8週頃まで（胎芽期）、9週以降出生まで（胎児期）の3段階に分けられる。

　胎児の姿やその動きは超音波検査によって画像で見ることができるが、その光景は両親に感動をもたらす。さらに、母親は妊娠20週頃からは胎動を感じることでわが子に対する実感をもつ。

　受精後7週頃から全身運動（驚愕様運動など）が始まり、その後の24週頃には吸啜反射や把握反射は新生児と同様であり、自発的に親指を吸うようになる。32週頃には、眼球の動きが活発になり視覚や聴覚なども新生児にかなり近い状態まで発達している。

2．妊娠中の薬や感染、タバコ、アルコールなどの危険

　胎児の発達を妨げる要因として、母胎感染（妊娠初期の風疹、トキソプラズマなど）や物理的（放射線、高温など）あるいは化学的（アルコール、タバコ、薬物など）、母親の病気、心理的ストレス、遺伝的要因などが挙げられる。そして、胎児期はこれらの影響を受けやすい時期なので十分注意しなければならない。また、有害な物質として、環境ホルモン（内分泌攪乱物質）やアスベストが話題になっている。最近の研究から、タバコによる胎児の脳の破壊が、LD（学習障害）やAD/HD（注意欠陥/多動性障害）などの発達障害の増加の原因の1つであることを示すデータもある[2]。

3．周産期の治療やケア

　医学領域では、妊娠22週から生後1週間を周産期（perinatal period）という。周産期医療では、産科、新生児科の連携により、分娩の管理や低体重児、仮死などの状態で生まれた新生児の治療やケアを行う。最近、デベロプメン

タルケア*¹提唱により未熟児には有効なICUにおいて、早産児をポジショニング*²という姿勢にする方法やカンガルーケアー法*³がとられている。こうした方法は後の発達をうながすために非常に有用であると考えられている。

4．妊婦への援助

妊婦は、妊娠期間中に周りの赤ちゃんに興味をもち、子どもへの関心を高める時期でもある。通常は妊娠を喜び、周囲からも祝福されて出産を迎えるが、時には望まない妊娠や予期しない妊娠に不安や戸惑いを感じることもある。また、胎児に対して拒否的感情をもつこともある。このような場合は、周囲の支援やカウンセリングが必要である。これらは出産後の虐待へのリスク要因となることもある。胎児のすこやかな成長のためには、妊婦がゆったりとした気持ちで、胎児を慈しむことが重要である。また、このような環境づくりに協力できる身近な存在としてのパートナー（父親）の役割も大きい。

2 ── 乳幼児期の身体・運動機能の発達

1．身体的機能の発達

誕生から満28日未満の期間を新生児期と呼ぶ。適温で快適な生活をおくれる胎内から、全く違う胎外での生活に適応していくための準備期間が新生児期である。この期間にある子どもは新生児（neonate）と呼ばれる。出生直後の新生児は身長約50cm、体重が約3,000gまで成長している。出生体重が2,500g未満の場合は低出生体重児、1,500g未満を極低出生体重児、1,000g未満を超低出生児と呼ぶ。

出生直後は、胎便の排出や羊水の吐出、母乳やミルクがうまく飲めないなどがあり、一時的に5～10％程度の体重減少がある（生理的体重減少）。出生

---

*1　アリス（Als, H.）らによって心理学的な立場から提唱。子の発達に望ましい環境の整備や姿勢の保持や家族指導などを行う[3]。
*2　早産児を子宮のなかにいるような姿勢にするという方法
*3　低出生体重児を母親の裸の胸に抱き、肌と肌を接触させて一定期間を過ごす方法[4]。

直後の新生児は4頭身で頭が大きく頭を自分の力では支えることができない。出生児の産声によって肺をふくらませ自力呼吸が可能となる。原始反射を使って乳を飲み、1日のほとんどを寝て過ごす。

乳児期は身体の発達が著しく、特に新生児は1日に体重30g〜40g増加する時期であり生後1か月頃には体重が約1kg増加し、その後生後3〜4か月で2倍になり、1年後には3倍になる。身長も1年〜1年半で1.5倍になるが、頭部の占める割合が大きいため歩行が安定せず転倒しやすい。

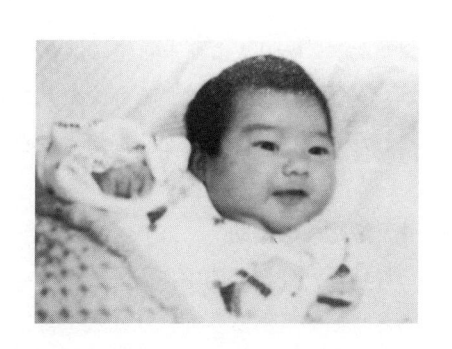

1歳から就学までを幼児期という。乳児に比べて体重の増加は穏やかになるが、3歳で出生児の4倍、5歳で出生児の5倍となる。一方、身長は幼児期後半で出生児の2倍となり、6頭身となる。乳歯は3歳頃までに20本が生えそろい、6歳頃に永久歯に生えかわる。

2．運動機能の発達

運動機能の発達には個人差がある。しかし、発達は一定の順序にしたがって運動動作を獲得していく。出生直後は神経系が未発達のために随意運動がみられず、外部刺激による原始反射によって外界に適応する時期である。原始反射は、大脳皮質の発達によりおおむね4か月頃まで消失し、自分の意思でコントロールできる随意運動に代わっていく。

乳児期前半の基本的な姿勢はあおむけかうつぶせである。乳児期後半には、はいはいや一人歩きなどの移動運動、さらに坐位からつかまり立ちなど姿勢転換の自由を得る（p.16の図1－1参照）。

幼児期には基本的な粗大運動機能と微細運動機能のいずれもが急速に発達する。1歳を過ぎると二足歩行ができはじめるようになり、行きたいところにいく行動の自由を獲得する。一方で、微細な運動機能としてスプーンやコップがもてるようになったり、親指と人差し指でものをつかめるように

なったりする。2歳頃になると、歩く、走る、跳ぶなどの基本的な運動機能が伸びる。また、目と手を協応させてボールを投げたり蹴ったりできるようになる。なぐり描き（スクリブル）や絵本のページをめくることもできるようになる。3歳頃では、三輪車をこぐことやジャンプ、でんぐり返しができるようになる。折り紙や箸を使いはじめ、丸を描いて「頭足人」を描くようになる。4歳頃は、全身運動として片足跳びやスキップ、ブランコの立ちこぎができるようになる。ボタンかけや歯磨きも上達する。5歳頃には全身運動が敏速で巧みになる。ひも結びやハサミなどが可能になり、衣服の脱着や箸のもちかたも上手になる。

3 ── 乳幼児期の心の発達

1．母子の絆のはじまり

　新生児は感覚能力もかなり発達しており、生後数時間で音に反応し、味覚も生後2～3週間で発達するといわれている。新生児は誕生直後の30分から1時間は意識のはっきりした覚醒状態にある。この覚醒時は母と子の絆を深める重要な時期とされ、裸の状態で新生児は母親に抱っこされて安心し、母親のその後の育児にも影響を与えるとされている。最初の授乳は赤ちゃんの脳にスイッチを入れ、さらに母親の脳も刺激してホルモン（プロラクチン、オキシトシン）が分泌され母乳が出るようになる。産後1週間の母乳は初乳と呼ばれて、普通の母乳の10～20倍の免疫物質が入った黄色がかった乳だが、これはやがて白っぽくなり脳や体をつくる成分へと変化していく。母乳育ちの赤ちゃんは病気になりにくく、健康で、脳と身体がよく発達すると考えられている。また、産後直後の授乳は子宮を収縮させ、母体の回復を早める。

　生後2～3か月頃になると、人の顔に微笑むなどの社会的微笑がみられるようになる。4か月頃には声を出して笑い、くすぐりなどの身体刺激やリズムのある声などの聴覚刺激によって笑いが引き起こされるようになる。6か月頃には「いないいないばー」などの何かを期待して笑うようになり、生後10か月頃になると、他者（母親）との感情を共有できるようになる。他者（母

親)の表情を介して他者の情動を知り、それを手がかりに自分の行動を決めていく様子が見られるようになるのである(社会的参照)。

2. 自己への気づき

　生まれたばかりの乳児は、外界の物質や他者と自分自身をはっきり区別できない自他未分化な状態である。では、自分自身に対する意識はいつごろ芽生えてどのように発達していくのだろう。

　生後3か月頃の乳児は、自分自身の手をじっと見つめる「ハンドリガード」と呼ばれる行為を行う。これは自分自身の手であることへの気づきを促す。その後6か月を過ぎる頃から、耳を手で押さえたり、手足をしゃぶったり(自己刺激行動)と自身の身体に向けられる行動を行うようになる。このようなハンドリガードや自己刺激行動の反復は乳児に自分自身への身体的な感覚を確かなものにしていく。

　客観的存在としての自己の気づきに関しては、子どもが鏡に映った自分を自分自身の姿と認識しているかどうかを確かめる方法として、ルージュテスト(Amsterdam, B. K., 1972)が用いられる。ルージュテストによると多くの子どもは2歳までには自分自身であると理解できることが明らかにされている。

3. 愛着関係の発達

　愛着(attachment)とは、ある特定の人との間に形成される情緒的な絆であり、生後まもなくの時期から始まり、生涯にわたる人間発達において重要な心理的意味をもつ関係性である。

　ボウルビィ(Bowlby, J. 1969)は、基本的信頼感についての概念をさらに発展させて愛着理論を確立した。乳児が生得的にもっている、泣き、微笑、発声、しがみつき等の行動は、大人からの保護を効果的に引き出す乳児の生得的な行動であるとして、これらを愛着行動と説明した。

　乳幼児にとって、特定の愛着の対象との持続的、個別的な一貫性のある、情愛に満ちた関係性こそが心身の発達にとって最重要である。乳幼児期にこ

図10-1　ハーローの実験
（針金の母親からミルクを飲むが、サルは布の母親にしがみつく）
出典：神野秀雄「情緒、欲求の発達と指導」高野清純編『現代児童心理学』教育出版社 1982年　p.75をもとに作成

のような母性的かかわりが剥奪されることを「マターナル・デプリベーション」[*4]とし、人生早期の長期にわたる情緒的、社会的、感覚的剥奪は心身に深刻なダメージを与える。原因としては、施設養育における個別的関係性の欠如、長期の母子分離、親による不適切な養育などが考えられる。例として、ホスピタリズムといって施設に収容されている子どもたちの発達の遅滞、表情の乏しさ、適応障害などが報告されている（ボウルビィ,1951）。

また、ハーロー（Harlow, H. F.）はアカゲザルを使って次のような実験を行った。ミルクの入った哺乳器のついた針金製の母親と、やわらかい布でできた母親（哺乳器はついていない）を置いて子ザルの反応をみたのである。子どもが愛着行動を示すのは、食餌行動からくるのか、あるいは接触の安らぎからくるのかを知るためである。この結果、子ザルは布でできた母親に1日の大半しがみついていることがわかった。愛着の発達には栄養そのものよりも、授乳の際の母親のあたたかい身体接触（マザリング）が重要であることを示唆したのである（図10-1）。

エインズワース（Ainsworth, M. D. S.）は愛着の質をストレンジ・シチュエーション法（SSP：Strange Situation Procedure）で測定している。養育者

---

*4　発達初期の段階で母性的養育を剥奪されたり喪失したりして愛情に満たされた養育を受けない乳幼児は、その後に心身の発達に深刻な影響をもたらす。

の応答性と子どもの愛着の質を組み合わせて、愛着関係をとらえる方法である。生後3か月〜1歳の子どもとその母親を対象に8場面の設定で観察したところ、子どもたちはその反応によって、Aタイプ（回避型）、Bタイプ（安定型）、Cタイプ（アンビヴァレント型）、D（無秩序・無方向型）の4つのタイプに分類された。

　通常、乳児は泣くことで不快な欲求を表し、母親の応答的なかかわりよって快になる体験を重ねて育っていく。自分の要求を周囲にシグナルで示した時に、応答的にかかわってもらえることを日々繰り返すなかで、人（環境）への基本的な信頼関係が構築され、安心感が育まれ、その人への愛着が形成（絆）されていくと考えられている。それは、自分で環境をコントロールできるという自己効力感やコンピテンス（人間が環境と効果的に交渉する能力）が育っていくことでもある。乳児と母親は相互にかかわることでお互いに影響し合いながら、互いに必要な行動を引き出している。この愛着関係が確かなものになることで、幼児は母親を「安全基地」[*5]として用いて、好奇心を働かせて探索行動を外界に求めていくようになる。

4．自我の発達
① 自我の芽生え

　子どもは自我形成のため、1つの段階として反抗を示す時期がある。それが、2歳半から3歳にかけてみられる第一反抗期である。反抗期を迎える前までは、親の言うことをよく聞く子どもであったのが、だんだん反抗的な態度や行動をしばしば見せるようになる。これは、子ども自身の自我の成長に伴って、自分と他者との区別ができるようになり、自己主張を明確に打ち出すようになったことを示す。だが、完全に自他の区別がつくところまでいっていないので子ども特有の自己中心性がむき出しになる。つまり、精神的な意味での自己は、いまだ未分化なままである。したがって、「自分ひとりでで

＊5　乳児は外界に向けての探索活動が活発化し見知らぬ人や段差などの危機的状況に遭遇することが増える。そのときに愛着の対象者の所に戻りなだめてもらう行動がみられる。それは安全基地として機能しているとみる。

きる」と主張する反面、「やっぱりお母さんにやってほしい」という思いも抱えている。自己主張がみられるものの、一貫性に欠け大人の暗示にかかりやすいのがこの時期の特徴である。

② 自己主張と自己抑制の発達

パーテン（Parten, M. B.）は子どもの遊びの発達を、(1)傍観、(2)ひとり遊び、(3)平行遊び、(4)連合遊び、(5)協同遊びに分類した。

協同遊びの段階になると子どもたちのなかで遊びにルールがあることを理解し、それに合わせるには、自分の欲求を抑えたり、逆に自己主張することが必要になる。自己主張と自己抑制は社会性の発達には重要な課題である。自己主張することはけんかを招くが、けんかは社会性の発達には大切なことである。子どもは自分の気持ちを押し出す（自己主張）ことで相手に理解してもらえることを知り、友だちと意見がぶつかることで相手にも主張があることがわかるようになっていく。そして、状況に応じて自分の気持ちや欲求を抑制すること（自己抑制）が必要であることを学ぶ。自己主張と自己抑制が3歳から7歳にかけてどのように変化するかを調べた研究（柏木, 1988）によれば、自己主張・実現機能は4歳半頃まで発達しその後停滞を示すが、自己抑制機能は7歳まで順調に発達する（この結果から、協調性を重んじる日本の文化的な発達期待の影響が指摘されている）。

いずれにせよ、主張する力と我慢する力の双方を育てることが能動的に自分をコントロールし、自分を発揮することになるのである。また、少しずつ相手の気持ちを理解し気持ちを共有すること（共感）ができるようになっていく。

自我形成の土台が形成されるこの時期は、基本的生活習慣の自立の完成の時期（睡眠、清潔、食事、着衣、排泄）でもある。時として、最も自我形成と深いつながりをもつ排泄や食事、睡眠などの習慣形成についてしつけの面からみる必要がある。子どもに対する親の態度（しつけ方）が厳格だったり、強制的であったりすると、母と子の葛藤が強くなり、子どもの心に重圧感を残すことになる。その場合、うまく自立が行われず、自我の発達に悪影響をもたらし、問題行動や情緒障害が現れたりする場合もある。

4 ── 乳幼児期のコミュニケーション

1. 言葉とコミュニケーション

　コミュニケーション（communication）には、言葉を使った言語的コミュニケーション（verbal communication）と身振りや表情などの非言語的コミュニケーション（nonverbal communication）がある。乳幼児期における言葉を理解し話せるようになっていく発達のプロセスには、母親が子どもの気持ちを読み取りながら応答的な対応を繰り返すことが重要である。また、人は言葉を使って話す能力はもって生まれてくるが、適切な環境や学習の機会が必要であり、赤ちゃんは人との相互作用を通してかかわりを深めていくことでコミュニケーションが育まれる。

2. 前言語期のコミュニケーション

　生後1か月頃までの新生児の発声は、主に不快の状態（空腹、痛みなど）で発せられる泣き声であり、これは呼吸に伴い生じる叫喚発声と呼ばれる。生後2か月頃になると、喉の奥で発するような「クー」となる。これは鳩の鳴き声に似ていることからクーイング（cooinng）と呼ばれる声を発するようになる。

　3～4か月頃には「アーアー」などの意味のない音の反復が出現し、過渡期の喃語（babbling）と呼ばれる。喃語はそれを子どもが楽しんでいるように見えることから声遊びの時期と言われ、いろいろな種類の音声をさまざまな高さや長さで発し、聞くことを繰り返す音遊びが見られる。このようなとき、高い声、遅いテンポ、誇張した抑揚などの特徴を含むマザリーズ（母親語）は、乳児の言葉についての理解や模倣を促すとされている。

　6か月頃になると「ババババ」「ダダダ」などの複数の音節をもつ喃語（子音＋母音）が見られ、喃語は月齢が進むにつれてさかんになり複雑になっていく。親と他人を区別するようになり、人見知り行動が出現する。

　8か月頃には、自分の名前を呼ばれると反応するようになる。同時に指さし、渡す、見せるなどの非言語的コミュニケーションが出現する。

9か月頃には、「ママ」「ワンワン」などの有意味語が出現し、さまざまな状況でさまざまな調音で言葉を使うようになる。無意味音声を組み合わせて、会話のようなイントネーションで話すジャーゴン（jargon）も目立ってくる。そして大人の発声のまねをする音声模倣がみられる。さらに、「自分の好きなおもちゃに注意を向ける」ことや「赤ちゃんと親が微笑み合う」といった、「自分－もの」「自分－他者」の二者のかかわり（二項関係）から、子どもが親の方を見ながら自分の欲しいものを声に出しながら指さしをし、親との間でもののやりとりを繰り返すといったことが見られるようになる。このような行為はコミュニケーションが成立していることを示している。さらに、二項関係から「自分－もの－他者」における三項関係への発達がみられる。この三項関係は人との関係性をもつことのできる能力の現れであり、社会性の発達の目安となる。また、母親の視線を追いかけて母親と同じものを見たりすることができるようになる共同注意が言葉の獲得には重要になる。1歳6か月健診などでは、指さしや共同注意がみられるかどうかが発達障害や自閉症の早期発見・早期介入の指標の1つとして取り入れられている。

3．話し言葉の発達

　幼児期には語彙数の増大とともに構文の発達が見られる。1歳～1歳半頃には、「マンマ」「パパ」などの初語（初めての意味ある言葉）が出現する。一語文とは、自分の言いたいことを一度に1つの単語で表現することで、周囲の大人が子どもの気持ちを読み取る。たとえば、「パパはどこ？」「パパ、ブーブとって」のいずれも「パパ」の一語を発するのみである。

　1歳半～2歳頃には、「ジュース、ナイナイ」のように2つの単語を組み合わせた二語文がみられ、コミュニケーションの幅がさらに広がる。

　また、2歳頃は「これ　なに？」といったものの名前を問う命名期であり、

2歳半頃から接続助詞を使いはじめ、「〜だから〜だ」という理由を述べるための「から」を使った表現ができるようになる。

3歳頃にはものの因果関係がわかり始めるので、「どうして？」を繰り返す質問期を迎える。このころから、自分の経験や未来のことがおぼろげながらイメージできるようになり、さらに、2〜3歳頃には3語以上を使用した構文（多語文）を使い始める。4歳頃になると、相手が話しているとき自分は聞く側にまわるという、役割交替ができるようになる。3〜6歳頃の子どもは、何かをする場合に「コレカナ、ア、チ、ガッタ」など独り言（自己中心語[*6]）をいうことが多く、全発話量の約半数を占めている。

また、2〜3歳頃から文字への関心が芽生え、5歳頃から読み書きができるようになる。しかし、読み書きができることは、書き言葉の習得をそのまま意味するものではない。文字が主要な伝達手段になるには、一般に就学以降である。

話し言葉を獲得する過程では、さまざまな困難や混乱を伴うことがある。幼児には未熟さや間違った発音がしばしばみられるこれは不正構音[*7]（幼児音）と呼ばれる。たとえば、「リンゴ」が「インゴ」などに置き換えられたり、「ヒコーキ」が「コーキ」など音が省略されたり、「パン」が「パンパン」など余分な音が挿入されたり、ほかに逆行同化、入れ替えなどがあるが、これらは成長に伴い正しく発音できるようになる。また、言葉の発達が急激に進む2〜3歳前後には吃音（きつおん）がみられることもある。周囲が気にするとますます緊張して話せなくなるので、遊びのなかでスムーズに話せる体験をさせるとよい。多くの場合は一過性のもので消えていくが、構音器官や聴覚などの問題から言葉の問題が出てくることもあるので専門機関に相談が必要な場合もある。

---

* 6 　子どもの自己中心語（独語）は、自分への問いかけ、反省、推定などを示し、それは主語の主要な機能である思考の発生を示すと考えられる。
* 7 　音声をつくり出すことを構音というが不正構音の原因は、①構音器官などの未成熟、②大人の言葉を正確に聞き取れないことによる発音の乱れ、③情緒不安がある場合などが考えられる。不正構音は通常5〜6歳で消える。

●事例から考える●

> **事例1：幼稚園女児「構音障害[*8]　3歳児検診で言葉の遅れが指摘される」**
> 　母親は第2子出産後、うつ病を発症し子育てが困難となり、育児は父親が主に行っている。Aちゃんは専門の医療機関で言語指導を受ける一方で、地域に設置されている発達支援教室にも参加している。父親はAちゃんに家庭でも厳しく接しているが、なかなか改善がみられない。Aちゃんが小学校に上がるまでに改善したいと父親には焦りがみられた。Aちゃん5歳の夏休みには「さらに何かをさせたい」と相談があった。父親によると、Aちゃんに妹が生まれた頃から、今まで1人でトイレに行っていたのがお漏らしをするようになった（赤ちゃん返り）。その頃から話し方も幼くなってきたと語った。

〈対応〉

　Aちゃんには赤ちゃんに母親が取られてしまったような気持ち、欲求や感情が母親に共有してもらえないさびしさや怒りがあったと考えられる。また、父親は娘の発声の特異さに目を奪われて、それを改善しようと家庭でも日々厳しい言語指導を行っていた。Aちゃんにとって家庭での厳しい訓練は緊張を招き、過剰なストレスがかかっていることが推測された。

　父親には構音障害への理解を促し今の指導で十分であることを伝えた。つまり、過度な言葉への注目を続けることは本人がそれを気にして自尊心が高まらないこと、さらに、Aちゃんの抱える母親への思いや言葉への不安を代弁し、母親がAちゃんとスキンシップを重ねるチャンスを多くすることなど、母親への関係も調整するように援助した。むしろ、Aちゃんにとって重要なことは家庭が安心・安全な場であり、両親と楽しい生活や遊びの体験を共有することこそがAちゃんの健全な成長をうながすことになると伝えた。

→　[*8]　話し手が属する言語社会や話し手の年齢からみて、特定の語音を習慣的に誤って発する現象である。構音障害には置換・省略・ひずみの3つのタイプがある。その原因は器質性構音障害、運動性構音障害、機能性構音障害に分類される。

子どもの育つ環境は、子どもにとって親に対する甘えや怒りの感情を自由に表出できるような環境をつくることを心がけ、ときには退行して「赤ちゃん返り」がみられることもあるが、親が受容的に受け止めることも必要である。乳幼児期は環境に依存することで基本的な機能を獲得していく時期であり、環境の影響で発達が阻害されやすい時期でもある。そのためには、養育者との愛情のある情緒的な絆「愛着」が最も重要である。

> **事例2：幼稚園女児「お化けの話」**
>
> 　Bちゃん（5歳）は1年前になくなった祖母が会いに来ると言っては、母親にその状況を語り、やがて園のなかでも、その状況を友だちに話すようになった。保育室のなかでは、一緒になってその話をする園児もいる一方で、怖がる園児が出てくる状況になり収拾がつかなくなったため、担任より相談があった。
>
> 　母親と面接した結果、Bちゃんは祖母との関係が密接であったこと、優秀な姉と比較してBちゃんを叱ることが増えていること、母親は長女の勉強やお稽古に時間を取られることが多くなり、Bちゃんとのかかわりが希薄になっていたことが判明した。

〈対応〉

　きょうだいの誕生で、上の子は戸惑いや不安を感じ、嫉妬や欲求不満から退行現象がみられたりするが、この場合には、母親はのんびりおっとりしている下の子よりも何でもできる利発な上の子に期待感が強く、母親は幼い頃から姉を溺愛する傾向にあった。生前から祖母は下の子への愛情不足を懸念していたことも判明した。Bちゃんは寂しさから「おばあちゃんが会いに来た」と母親に語ると、母親は子どものその話に夢中になり「ほかに何か言っていた？」と訪ねる母親との会話のひとときは、Bちゃんにとっては居心地のよい空間であったと考えられる。Bちゃんは母親とのかかわりを求めて、一方では祖母への思いがエスカレートしていったのではないかと考えられる。

子どもの母親へのつながりを求める幼い子どもの必死な気持ちがひしひしと伝わってくる事例である。幼児にとって母親の存在は何ものにもかえがたい存在であり、子どもへの健全な成長には、母親が子どもに寄り添う母と子の温かい関係が欠かせないのである。

　ちなみに、幼児期の思考の特徴として、想像の世界と現実の世界が混じり合うことが多くなり、無邪気な嘘が多くなるのもこの時期である（実念論）[*9]。

3　児童期と心理的問題

　6～12歳までの小学校時代を児童期という。生涯発達のなかでは比較的安定した時期である。個性が明確になり、個人差が拡大し、知的機能、記憶力が飛躍的に伸び、学習意欲も高まり学校教育が始まる。学校や地域での仲間関係を通して社会性はさらに発達する。

　不適応行動や問題の対応には、子ども同士の人間関係で抱えている問題を大人が敏感に察知し、状況に応じた対処を心がけることが大切である。また、小1プロブレム[*10]の問題の対応には幼保小連携の取り組みも重要である。

1 ── 身体・運動機能の発達

　児童期には身長が年間5～8cm程度伸びる。また、女子の成長は1～2年ほど早く、男女差が明確になる。発達加速化現象によって、児童期の終わり頃に第二次性徴をみることもある。歯は乳歯から永久歯に生えかわる。身体運動機能は著しい発達を示し、より速く、より高く飛ぶ、より遠くに投げる

[*9]　ピアジェの認知発達論によると前操作期である（p.26参照）。イメージに自己中心性が強く、夢やおとぎ話など心に生み出されたものが外界にそのままあると考える。空想と現実の区別がつかない。

[*10]　就学して遊び中心の生活から学習を中心とした生活に入ることで、子どもが戸惑い、離席やおしゃべり、すぐキレる、基本的な生活習慣が身についていないなど、集団を形作れない学級未形成の問題（学級崩壊）のこと。

など、粗大運動はより高度に発達し、微細運動もより巧緻な運動へと発達する。子どもの行動範囲は飛躍的に広がる。この時期のバランスのとれた運動技能の発達のためには、鬼ごっこやリレー、ドッジボールなどの運動遊びやゲームをできるだけ幅広く経験することが重要である。近年、児童の体力・運動能力の低下が問題となっているが、その主な原因は生活環境の変化であり、テレビゲームの普及や戸外での遊びの不足が挙げられている。

2 ── 思考の特徴

　幼児期に比べると理解語彙数が飛躍的に増加する。幼児期には音声言語である外言が主体であったが、中期頃より発声を伴わない内言の使用が可能になる。人は内言が発達することにより、自由自在に思考をめぐらすことができるようになる。このような発達により、児童期は幼児期とは質的に異なる思考様式を獲得する。ピアジェの認知発達によると児童期の思考の段階は具体的操作期（7～12歳）にあたる。この段階の子どもの思考の特徴は「可逆性」と「脱中心化」である。
　幼児期のように対象の見え方によって思考が歪められることはなくなっている。たとえば、ものの保存課題（p.26参照）で、粘土のボールをソーセージのように引き延ばしても、ソーセージをボールに変化させるという心の操作（可逆性）ができるので「粘土の量は変わらない」と正しい答えをだせる。児童期になると長さも幅も同時に考慮して（脱中心化）答えられるようになる。

3 ── 社会性の発達（仲間関係）

　この時期の表現手段は行動から言葉へと変化し、感情を抑制することが可能になり、衝動をコントロールする力がついてくる。この時期は仲間と自分を比較して、同じところ、違うところに注目しやすいといった特徴がある。
　学校や地域での仲間関係を通して、しつけ基準や経済的価値観などが仲間の家庭と違うことに気づくが、仲間と同じように行動しようとするために、

外部の期待と自分の個性を調和させようとするために、子どもの心はある意味で緊張状態にあるといえる。

　児童中期になると同性の仲間と徒党を組み、活動を行うようになる。集団内では、役割分担や階層が明確になり、集団内に通用するルールや約束が生まれて、他の集団に対して閉鎖的、排他的で秘密の遊び場をもつようになる。このような集団をギャング集団（徒党集団）と呼ぶ。こうした交友関係は、助け合い、協同、同情、忍耐、自己犠牲の精神を学ぶ場でもあり、思春期における困難な問題の解決に大きな役割を果たす存在であった。しかし、最近は自由に遊べる時間や場所の減少、インターネットやテレビゲームなどの普及により外での活動遊びが少なくなり、交友関係が深まらず、ギャング集団は以前のようにみられなくなった。最近は交友関係に期待しづらい社会状況にある。また、メディアへの過剰接触から、現実とバーチャル世界との区別がつかなくなるといった問題もある。

●事例から考える●

> **事例3：イライラ・反抗的な小学3年生女児**
>
> 　Cちゃんは幼児期から落ち着きはなかったものの、就学後の2年間はほとんど問題がなかった。しかし、3年生から、教室のなかで担任への反抗的態度や仲間への言動が粗暴になるなどの行動が顕著になったため、両親と担任が相談に訪れた。厳格な両親は、幼児期から日常的に過度に叱り続けることで言動を制限してきたという。初対面でのCちゃんの行動は、明らかにイライラしていて挑戦的で反抗的であった。その言動はトゲトゲしていて二次的な障害の発現と考えられた。

〈対応〉

　Cちゃんには遊戯療法（p.93参照）を取り入れた。両親には障害理解のためのレクチャーを行うと同時に、1週間ごとに困りごとを手帳に記録し、そ

のことについて具体的なかかわり方を支援した。さらに保護者にはCちゃんにはスキンシップをはかり、叱ることよりもほめる努力をするよう促した。一方、クラスの環境整備を行い、目的や課題に集中しやすい空間をつくることを心がけた。たとえば、Cちゃんは離席が多く友だちの迷惑になることから後側の出入口に近い席だったが、外部からの影響を受けやすい窓際や廊下の席は避け、落ち着きのない子どもよりも模範的な友だちの隣席を希望した。さらに毎朝、担任とのバトルがあることから、朝の会には穏やかに過ごせる支援学級の先生との交流をお願いし、落ちついた時間帯にクラスに戻るよう依頼した。さらに、両親と担任の連絡帳の交換をお願いし共通理解と適切な対応の連携を図った。

事例4：小学4年男児「心身症（小児ぜんそく）と虐待」

Dくんは児童期に入っても小児ぜんそくが改善されることなく入退院を繰り返していた。ところが、医師からは「医学的なぜんそくのデータは認められないので、精神的な問題があるのでは」との指摘があった。

Dくんは年齢の割には体が小さく、おとなしい性格である。やがて母親の話から乳幼児期から父親による虐待を受けていることが判明した。Dくんのぜんそくは心理的な原因から派生していると考えられたため、Dくんの気持ちをやさしく受容するように面接を重ねていった。すると少しずつ心を開き、元気を取り戻していった。ある日、Dくんは「僕、体が軽くなったよ！」と言った直後からは母親も驚くほど明るく元気な学校生活を送るようになった。

その後、父親が自ら面接を希望してきた。父親はしみじみと自分の苦境や葛藤を明らかにした。

〈対応〉

子どもは人格構造が未分化であり、大人に比べると心の状態と体の状態がより密接な関係にある。そのため、保護者から長期にわたり大きな心理的・身体的な打撃を受けると、心理的ストレスから免疫機構の低下を引き起こし、

そのつらさを身体的症状によって現すことがあると考えられる（身体化）。いわば、SOSのサインである。こうした場合、子どもの心の傷や感情を共有し、まずは安心感がもてるような受容的援助を心がけることが重要である。面接を重ねるなかで、D君の「僕、体が軽くなったよ！」との言葉は、まさに、鉛のような身体の辛さとこころの奥底の得体の知れない恐怖感から解き放たれた素直な叫びであったといえる。

その後、子ども本来がもっている成長の可能性を取り戻し、D君は心身共に健康な少年へと回復した。母親には父親へのサポートの重要性を伝えた。

事例5：小学5年生男児「起立性調節障害[*11]と不登校」

Eくんは3歳下の妹がいる。Eくんは妹思いであり常に登下校も一緒で学校では妹の様子を気にして学級まで見に行っていた。妹は就学時に発達障害（LD）と診断を受けている。妹は登校を嫌がり、やがて不登校となった。その頃からEくんは、学校での規則的な生活よりも家で好きなゲームをもっとやっていたいとの思いから、「なんとなく学校に行きたくない」と母親に訴えるようになっていた。

母親は、自分自身にも中学時代のつまらなかった学校生活の記憶があったことと、「登校を嫌がる子どもに無理に登校刺激をすべきではない」といった情報をどこかで聞いた覚えがあったため、子どもが学校を休むことを黙認した。両親は共働きのため、昼間は子ども2人で過ごした。

Eくんは毎日朝からゲームに明け暮れるようになり、やがて、生活リズムが乱れて昼夜逆転する生活が半年以上続き、不定愁訴を訴え不登校となった。

---

*11 自律神経失調症の一種。中学生の約10％にみられ、女子に多いとされる。身体症状としてはめまい、立ちくらみがみられる。ほかに、動悸、息切れ、睡眠障害、食欲不振、腹痛、頭痛、倦怠感など人によりさまざまな症状が見られる場合もある。一般に午前中調子が悪く、午後から体調が回復するといったことから不登校といった二次障害を生み出しやすい。

〈対応〉

　Eくんと面談の結果、妹が学校に行かなくても叱られないことがうらやましいと思ったことがきっかけであり、始まりは「なんとなく」であった。その後、ゲーム依存から睡眠不足となり心身の疲労をもたらしていることが判明した。母親にはEくんにとって規則正しい生活の立て直しが不可欠であることを伝え、そのためのゲームの制限などの具体的な対応を話し合った。また、Eくんの健全な心身の成長のための「生活リズムの改善」および「なぜ学校に行くのか」についての共通理解をはかった。その後、母親の理解と協力により登校を再開した。規則正しい生活リズムは子どもの体と心の育ちを豊かにするのである。

　この事例では、保護者が世間にあふれる情報を誤って理解をしたこと（登校刺激は厳禁だと思い込む）ことにより、子どもの行動をさらに悪化させ、不登校を助長させたことが注目される。

4 ●青年期と心理的問題●

　青年期（adolescence）は「成熟に達する（adolescere）」に由来する言葉で、13～22歳頃を指す。一般的な年齢区分は、学校制度と関連させて、中学校と高校の時期を青年期前期（13～15歳）とし、高校卒業くらいの時期から大学の時期ないしは就職の時期（16～22歳）を青年期後期と呼ぶ。青年期前期と青年期後期ではかなり違いがある。そして、第二次性徴（secondary sex characteristics）に伴う身体の急激な変化に伴って生じる個人の心理・社会的な変化とそれに伴う社会の中での自分の役割や位置づけを見いだしていくことが発達課題として取り上げられる。エリクソンによれば、青年期は「同一性」対「同一性の混乱」が課題となる時期とされている（p.24参照）。

1 ── 青年期前期

1．生理的変化

大半の子どもは第二次性徴による急激な身体の変化が起こり心身のバランスを失いやすく不安定になる。この第二次性徴の発現は性腺刺激ホルモンの作用で男女の体型、容貌に著しい性差が現れる。生殖腺が男子（13、14歳）ではテストステロンを分泌し、変声、陰毛、精通・射精、ひげの発生などに現れ、女子（11、12歳頃）ではエストロゲンを分泌し、陰毛、乳房の突出、月経開始骨盤の拡大などの生理的変化が現れる。1950年代の初潮は14〜15歳であったのが[5]、日野林俊彦他の調査[6]によると年々、成熟前傾傾向が見られ2008（平成20）年には12歳前後となっている（男子の精通は1〜2年遅い）。このように子どもの身体の変化が早くなることを、発達加速化現象と呼ぶ。成熟が低年齢化する成熟前傾現象は、ここ1980年代からは停止傾向にある。

2．心の発達

青年期前期には、第二反抗期（心理的離乳）がみられる。性的な欲求の発現によって引き起こされる心の混乱は、漠然とした不安感や衝動を処理できずに親や教師といった身近な権威への反抗となってあらわれる。また、親から精神的に自立をしようとするが、一方では親と心理的につながっていたいという相反する2つの思いの葛藤から、親と意見が違ったり、親とはあまり話さなかったり、逆に親に甘えたりといった矛盾した行動を繰り返しながら、次第に新たな関係が築かれていく。さらに、自分自身にも目を向けるようになる。自分の心の状態を明瞭に言葉で表現することが難しく「憂うつ」や「イライラする」といった言葉で表現することが多くなるが、同性の友人を通して大人としての新たな自分が少しずつ確立されていく重要な時期でもある。

知的側面ではピアジェによると「形式的操作」による思考の完成の時期であり、抽象的な思考が可能となる。抽象的に考えたり自己を意識して悩むことが多くなり、自分と他者を比較して劣等感が生じやすくなる。また、他人が自分をどう評価するかに敏感となり、それに過度に意識しすぎることから

対人関係の不適応として、対人恐怖症などの形で出現することもある。また、この時期には自分自身の身体に対するボディイメージが形成されるが、ボディイメージの歪みによって起きる思春期やせ症（女子に多い）や思春期妄想症などがある。

3．青少年の母性・父性意識と発達

　母性とは「包み込む性」であり、思いやり・やさしさ・世話をする気持ち・気配りなどを主とする特性で、受容的、全体的、個別的志向、プロセス重視という特性をもつ。一方、父性は、「切る性」であり、理想・良心・責任感・批判などの価値判断に重きを置き、ルール・約束・善悪などの道徳心を大切にし、行動や考え方の価値基準を明確にもち社会的視点に立つ特性をもつ[7]。母と子の関係は肉感的・感覚的であるのに対して、父と子の関係は道徳的・信義的であるところに母親と父親との違いがあり、その母性・父性のそれぞれの役割が健全な子どもへと育てあげるものとされている。

　だが近年では、女性の価値観やライフスタイルは多様化し、伝統的な性役割分担の問い直しや新しい母性観の模索がなされている。なかでも、家庭の教育機能が低下し母性の喪失による虐待や育児放棄、さらに、いじめや不登校、緘黙児などの背景に父性の欠如が認められるといった報告が取り上げられている[8]。

　では、この母性や父性は、子どもが成長する過程でどのように形成されていくのか。佐藤（1991）は、将来の社会的・文化的状況の変動に対応した「母性・父性」のあり方を模索するための資料として、青少年に焦点を当て、将来、保護者となる子どもたちは、これらを自己のなかにどのように位置づけようとしているのかを検討した（小4年〜大学生3454名）。図10－2は高校生のもつ「子育てや子どもに対するイメージ」について調べたものである。

　愛他心や共感性の豊かな青少年は、観念的なところはあるが、子どもに対して、より積極的・肯定的・受容的であることがわかった。また、子どもとふれあった時の楽しかった経験、子どもをかわいいと感じた経験が保育の意義や価値をより高く評価しており、子どもを受容する姿勢と保育の意義や価値

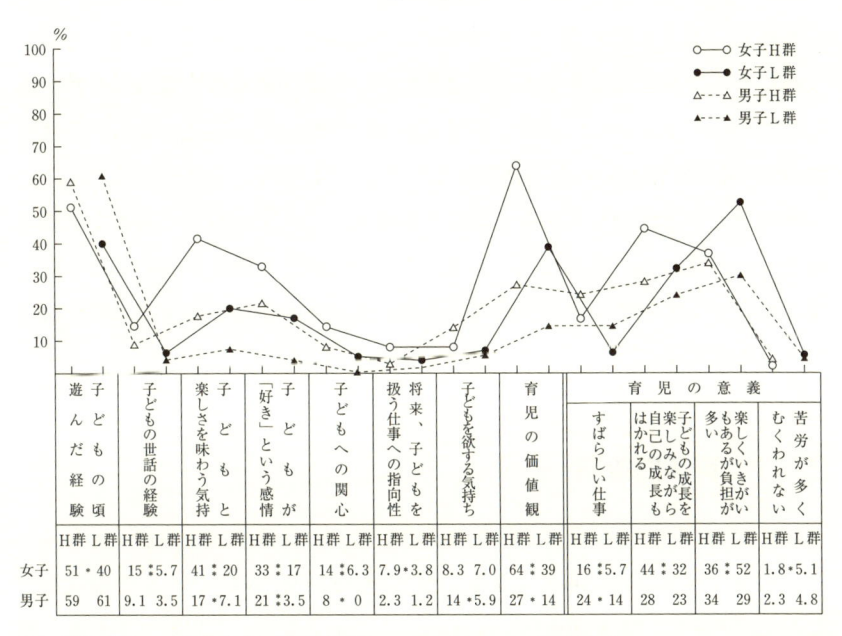

第10章　ライフサイクルと子ども臨床　177

図10-2　子育てや子どもに対するイメージ（高校生）

	遊んだ経験	子どもの世話の経験	楽しさを味わう気持	子どもが「好き」という感情	子どもへの関心	将来、子どもを扱う仕事への指向性	子どもを欲する気持ち	育児の価値観	育児の意義 すばらしい仕事	子どもの成長は自己の成長をはかられる	子どもの成長を楽しみにもらえる	楽しくないが負担が多い	苦労が多くむくわれない
	H群 L群	H群 L群	H群 L群	H群 L群	H群 L群	H群 L群	H群 L群	H群 L群	H群 L群	H群 L群	H群 L群	H群 L群	H群 L群
女子	51・40	15**5.7	41**20	33**17	14**6.3	7.9・3.8	8.3 7.0	64**39	16**5.7	44**32	36**52	1.8・5.1	
男子	59　61	9.1 3.5	17・7.1	21**3.5	8・0	2.3 1.2	14・5.9	27・14	24・14	28　23	34　29	2.3 4.8	

凡例：○—○ 女子H群　●—● 女子L群　△---△ 男子H群　▲---▲ 男子L群

注）質問項目への肯定的な回答を集計し、パーセンテージで示した。
　有意差検定　*$p<.05$　**$p<.01$

出典：佐藤秋子「青少年を対象とした母性・父性意識の調査－子どもに関する要因と心理学的感情の関連性について－」『國學院大學栃木短期大学紀要第25号』1991年

観が密接に関連していることが明らかになった。男子と女子では、子どもに対する受容姿勢の形成に相違がある。女子は、子どもに対して、肯定・受容がスムーズに行われているかのように見えるが、子どもに対して、ポジティブでなくなる時期がある。1つは、高校生で、子どもに対する考え方や態度に矛盾がみられ一貫性がない。また、大学生は、保育の意義や価値を十分に認めているが、子どもに対して積極的になれない面がみられた。

　これらは、いわば青年期の発達危機の時期にあたり、自己受容の葛藤、そして、自らの生き方と伝統的性役割間との間のズレによる葛藤を意味するものと考えられる。また、社会の変化に伴い、その役割分化がうまく機能してゆかなくなっている面をもつことを示していると考える。

しかし、子どもの発達におよぼす最大の環境は家庭である。将来、母親・父親になるであろう青少年の成長過程における意図的な教育環境は必然であると考える。すなわち、結婚し家庭を築き、妊娠出産を迎えてから、両親への母性・父性教育といった支援教育よりも、少年時代から学校や地域において幼い子どもとかかわりをもてる教育的環境づくりを意識する過程が必要であろう。人間として男女ともに母性・父性の必要性の認識を深めることは、青年期のアイデンティティ（自我同一性）確立への援助として果たす役割は大きいと考える。

2 ── 青年期後期

第二次性徴に伴う生理的変動や性衝動、自己の身体イメージが不安定になり、「自分で自分がわからなくなる」という自分自身へのイメージの混乱も生じるが、やがて、青年期後期になると、このような自己意識の動揺を乗り越えて、真の自分を見いだして、生きる方向性を決定して大人へと成長する。つまり、衝動性や精神的な不安定さは治まりつつあり、親とも対等な人間としての関係が再構築される。自分なりの世界観をもてるようになり、この時期にアイデンティティが確立される。

1．アイデンティティとは

アイデンティティ（自我同一性）とはエリクソンによって定義された精神分析的自我心理学の基本概念であり、生涯にわたる自我の発達を理解するためのキーワードである。アイデンティティの概念は「自分らしさ」「自分が自分であること」「自分は何か」という問いに対する答えであるとされている。

社会的場面では、就職において現実な選択を行い、異性関係では、現実に異性に対して愛情をもって互いに求め合う。時間的展望に関しては、連続的で一貫し、過去の自分も現在の自分も一貫して同じであると自覚する。このような感覚をもち主体的な自分として、自信をもち「私が私である実感」を形成するとしている。青年期後期になると、アイデンティティの確立が要求

され、大人としての自己を確立することになる。

2．青年期の危機

　青年期は周辺人（marginal man）とも称され、子どもでも大人でもないという意味で曖昧な存在である。子どもは、青年期に、親の依存から自立し、性役割を受け入れ、自分の生き方を確立し、青年期を終えて大人へと近づいていくのである。

　エリクソンはアイデンティティが獲得されるまでの間、社会が青年に与える猶予期間を「心理社会的モラトリアム」と呼んだ。つまり、社会のなかでさまざまな仕事や生き方を経験し、自分の生き方を見つける時期である。

　現代社会の価値観の多様化は、それまで社会に共通していたさまざまな基準が不明確になっていることを意味している。アイデンティティの確立がうまくいかない場合は、「自分が何かわからない」という不確実性で代表されるように、自分のまとまりがつかなくなり、対人関係もうまくいかず、いっそう孤立感を深めていく。この現象を「同一性拡散」と呼ぶ。同一性の危機は、場合によっては急性の心因反応、神経症、うつ病、その他、青年期におけるさまざまな問題行動としての青年期の危機状態を招くこともある。

　現代社会の特徴として、職業的に自立していても保護者と同居し続けるパラサイト・シングルや社会との接触を断つひきこもりの若者の増加が指摘されている。このようなタイプの若者の増加は、いずれも親の依存から自立への移行がスムーズにいっていないことや自分が本当にやりたいことがみつからず苦しんでいることの現れともいえる。

●事例から考える●

> **事例6：保健室登校をする中学2年女子**
>
> 　Fさんは中学校に入学してから、新しい環境や勉強などに緊張や不安をもつようになり、自殺念慮からリストカットをこころみることがあった。そして、試験前日に、同じクラスの男子生徒の一言に、Fさんは混乱してしまい、2階の窓から飛び降りようとした。それ以来、教室に入ることができなくなり、保健室登校となった。家庭では自由に話しているが学校では口を閉ざして（選択性緘黙症状）1年以上経過していた。

〈対応〉

　Fさんは相談の初回から感情的に高ぶることもなく、過去の出来事を語ってくれた。しかし、その話の内容には、死の世界への興味関心や幼少時の傷へのこだわりがみられた。これまでの苦痛や葛藤を受け止めることに留意しながら、生活環境や学校環境等についても丁寧な聞き取りを重ねた。一方で、友だちとの健全な関係への再構築のための手法としてソーシャルスキル・トレーニング[*12]を段階に取り入れることにした。

　面接時にはソーシャルスキルの1つである「セカンドステップ」[*13]を取り入れて、友人とのコミュニケーション再開の手助けとしてロールプレイや言語表現ワークシート等を取り入れた。また、学校での友だちとかかわる手段は好きな部活から参加することを促した。それを機に不安な気持ちの呪縛から解き放されたのか、表情にゆとりができはじめ、友人からの誘いで不規則ではあるが教室に入れるようになった。その後、自らの意思により教室で試験を受けるようになった。現在、完全復帰とはいかないが、高校進学を意識し始めている。

　このような相談のケースでは、まずは挫折体験を乗り越えられずに困っていることや閉塞した状態への苦しみなどを、本人と共感し理解するかかわりが必要である。また、周囲への不満に関しても、その訴えに誠実に耳を傾け

（傾聴）、そのメッセージを受け入れる姿勢が重要である。なお、精神科との鑑別を慎重に行う必要もあるので専門機関への相談が望ましい。

自傷行為（リストカットなど）は発達障害などが関係している場合もあるが、思春期以降の女子に多くみられ、親子関係、友だち関係などの対人関係の問題、学業などへの不安などの心理的ストレスが要因となり、自分への劣等感や嫌悪感などの陰性感情（自己顕示性、自己存在の確認行為など）が強まり、自らを罰する行為として出現することも多い。感情を安心して表出できる環境づくりを心がけることが重要である。

*12 ソーシャルスキル・トレーニング（Social Skills Training, SST）は心理学、精神科、犯罪、保育、教育などの広範囲な領域で適応されている。行動理論に基づく、認知行動療法（p.85参照）である。対人的能力や対人行動は学習によって獲得されるものとして、「良好な人間関係に関する技能を身につける」ことで最終的に自己肯定感を高める。

*13 ソーシャルスキルの一種。暴力防止の教育プログラムで、子どもの衝動的・攻撃的行動をやわらげ社会への適応力を高める。相互の理解（共感性）、問題解決、怒りの扱いの3つから構成されており、写真を用いたレッスンカードは就学前から小学生（コース1～コース5）まである。

【引用文献】

1）Paull B. Baltes, *Theoretical propositions of life-span developmental psychology : On the dynamics between growth and decline*, 1987.（東洋・柏木惠子・高橋惠子編訳『生涯発達の心理学 1巻』新曜社 1993年 pp.235-236）
2）梅田真樹『子どもの脳のミステリー』久美出版 2009年 pp.42-44
3）麻生武・浜田寿美男編『よくわかる臨床発達心理学』ミネルヴァ書房 2005年 p.17
4）大坪治彦『ヒトの意識が生まれるとき』講談社 2001年 pp.38-40
5）高橋昌宏・樋口満・小島武次『からだの発達』大修館書店 1993年 p.304
6）日野林俊彦「発達加速化現象の研究－第12回全国初潮調査結果－ 大阪大学大学院人間科学研究科・比較発達心理学研究会」 2009年
 hiko. hus. osaka-u. ac. jp/hinorin/introduction.pdf p.18
7）河合隼雄『こども教育 臨床教育学入門』岩波書店 1995年 p.61

8）平山諭「発達心理学のトピック」平山諭・鈴木隆男編『発達心理学の基礎と臨床１』ミネルヴァ書房　p.24

【参考文献】

John Bowlby, *Attachment and Loss, Vol. 1 Attachment*, 1969.（黒田実郎・大羽蓁・岡田洋子訳「母子関係の理論Ⅰ　愛着行動」岩崎学術出版社　1976年）
加藤邦子「愛着関係の発達」青木紀久代編『実践・発達心理学』みらい　2012年
高橋恵子「発達心理学の新しい展開」無藤隆・高橋恵子・田島信元編『発達心理学入門Ⅱ』東京大学出版会　1990年
Erik H. Erikson, *Childhood and Society*, w. w. Norton & Company, New York 1950.（仁科弥生訳『幼児期と社会Ⅰ』みすず書房　1977年）
レフ・セミヨノヴィチ・ヴィゴツキー（柴田義松訳）『新訳版　思考と言語』新読書社　2001年
J. ピアジェ（谷村覚・浜田寿美男訳）『知能の誕生』ミネルヴァ書房　1978年
岩井邦夫・高橋通子・高橋義信・堀内ゆかり『グラフィック乳幼児心理学』サイエンス社　2006年
Edward F. Zigler, Matia Finn-Stevenson and Nancy W. Hall, *The First Three Years & Beyond*, originally published by Yale University Press. 2002.（田中道治『三つ子の魂百まで　再考　－脳の発達及び社会政策から－』2005年　田研出版株式会社）
橋本敏・福永博文・伊藤健次編『子どもの理解とカウンセリング』みらい　2001年
日野林俊彦代「発達加速化現象の研究－第12回全国初潮調査結果－　大阪大学大学院人間科学研究科・比較発達心理学研究会」2009年
　　hiko.hus.osaka-u.ac.jp/hinorin/introduction.pdf
柏木惠子『幼児期における「自己」の発達』東京大学出版会　1988年
佐藤秋子「青少年を対象にした母性・父性意識の調査」『國學院大學栃木短期大学紀要第25号』1991年　pp.95-152
佐藤秋子「母性に関する調査研究」『國學院大學栃木短期大学紀要　第26号』1992年　pp.67-94
松本清一監修『月経らくらく講座－もっと上手に付き合い、素敵に生きるために－』文光堂　2004年

無藤隆・岡本祐子・大坪治彦『よくわかる発達心理学』ミネルヴァ書房　2004年

高田利武・丹野義彦・渡辺孝憲『自己形成の心理学－青年期のアイデンティティとその障害－』川島書店　1987年

鑪幹八郎・山本力・宮下一博『自我同一性の展望』ナカニシヤ出版　1984年

青野篤子・森永康子・土肥伊都子『ジェンダーの心理学』ミネルヴァ書房　1999年

田澤雄作『テレビ画面の幻想と弊害』悠飛社　2003年

上島国利・上別府圭子・平島奈津子編『精神医学の基礎知識』誠信書房　2007年

American Academy of Pediatrics, *Caring for your teenager : the complete and uuthoritative guide*, 2003．(関口進一郎・白川佳代子監訳『10代の心と身体のガイドブック』誠信書房　2007年)

小此木啓吾・深津千加子・大野裕『精神医学ハンドブック』創元社　1998年

阿久津喜弘・深谷昌志・森楙編『いま、子ども社会に何がおこっているか』北大路書房　1999年

佐野勝徳・新開英二『見直そう子育て　立て直そう生活リズム』エイデル研究　2003年

杉山登志郎編『子どもの診療科』講談社　2009年

第11章 発達過程で生じる障害や問題行動と子ども臨床

1 ●知的障害●

1 ── 知的障害とは

わが国においては、知的障害に関連する用語としてさまざまな表現が用いられてきた。現在では、一般的に「知的障害」という用語が使用されるようになってきている。文部科学省（2002）は、就学指導資料（文部科学省特別支援教育課、2002（平成14）年6月）において、知的障害の概要を「知的障害とは、『発達期』に起こり、知的機能の発達に明らかな遅れがあり、適応行動の困難性を伴う状態（p.67）」であると説明している。わが国の文部科学省がこのような説明を加えるようになった背景には、アメリカ知的・発達障害学会（AAIDD）、アメリカ精神医学会（APA）の精神疾患の診断・統計マニュアル（DSM）などの国際的な知的障害の定義と分類に関する考え方の強い影響がある。ここでは、AAIDDの定義とその分類から知的障害を考えてみよう。

2 ── アメリカ知的・発達障害学会（AAIDD, 2010）の定義と分類

AAIDDは、今後は「知的障害（Intellectual Disability；ID）」という用語を用いることとして、これを次のように定義し、「2010年版マニュアル（第11版）」を公刊した。わが国ではこの定義の本格的な翻訳は現在行われていない。ここでは仮訳として表11-1に示す。

表11-1 「知的障害」の定義

・知的障害の定義

　知的障害は、知的機能および概念的、社会的、実用的な適応スキルとしての適応行動の両者の有意な制約を特徴とする。この能力の障害は、18歳以前に生じる。以下の5つの前提は、この定義の適用には極めて重要なものである。

1. 現在の機能の制約は、その個人が属する年齢集団や文化の特色が地域社会の情況（context）の中で考慮されなければならない。
2. 妥当な評価は、コミュニケーション、感覚、運動、及び行動の要因のみならず、文化的、言語的多様性も考慮されなければならない。
3. 個人には制約とともに強さも併存している。
4. 制約の記述の重要な目的は、必要とされる支援のプロフィールを明らかにすることにある。
5. 一定期間の適切で個別的な支援によって、知的障害のある人の生活機能は全般的に改善する。

出典：AAIDD「2010年版マニュアル（第11版）」p.1を編者が翻訳した

　この新しい定義のポイントは3つある。

①知的機能

　現在のところ最もよく表現できるのは知能検査であるが、これで平均値よりおよそ2標準偏差以下のIQ（具体的には70～75）をいう。使用される検査ではその検査の標準測定誤差（Standard error of measurement：SEM）や長所と短所が考慮されること。

②適応行動

　日常生活でこれまで学習され、かつ現在実行されている概念的スキル・社会的スキル・実用的スキル[*1]の集合体。標準化された適応行動の測定尺度[*2]

---

*1　この3つのスキルには、具体的に以下のものなどを挙げている。
　・概念的スキル…言語、読み書き、金銭・時間・数の概念、自己管理（self-direction）
　・社会的スキル…対人関係スキル、社会的責任、自尊心、騙されやすさ（gullibility）、用心深さ、社会的問題の解決、ルールや法律に従い不当な差別を回避する能力
　・実用的スキル…日常生活活動（身辺自立）、職業スキル、健康管理、旅行や日常の移動、スケジュール／日課、安全、お金の使用、電話の使用

*2　残念ながら、現在のところわが国では適応行動に関する適切な標準化尺度は見当たらない。

表11-2　知的障害の多元的分類

1．第Ⅰ次元：知的能力	個別に実施したいくつかの標準知能検査で、およそ70〜75またはそれ以下のIQ（幼児においては、明らかに平均以下の知的機能であるという臨床的判断による）
2．第Ⅱ次元：適応行動	概念的、社会的、実用的スキル
3．第Ⅲ次元：健　　康	身体的健康、病因、精神的健康
4．第Ⅳ次元：参　　加	家庭生活、教育、レジャー、宗教、文化活動における役割と交流
5．第Ⅴ次元：情　　況	その個人の日常生活と関連する環境的、個人的情況
6．支援（サポート）の程度による分類	表11-3を参照

出典：AAIDD「2010年版マニュアル（第11版）」を基に編者がまとめた

の場合は、適応行動を構成するこれらの3つの適応スキルの少なくとも1つ、あるいは3つのスキルの総得点のいずれかが平均よりおよそ2標準偏差以下の得点にあること。知的機能と適応行動は全く同等に考慮されること。

③発症時期

　その障害が18歳以前に出現していること。それ以後に発症した障害と明確に区別する必要があること。

　さらに、AAIDDは知的障害(ID)を多元的に分類することとしており、その骨子をまとめると表11-2のようになり、その内容は5つの次元と1つの支援の程度の分類の6つから構成されている。特に支援の程度による分類は、今後の知的障害への対応において重要な考え方の変更であり注目しておく必要がある（表11-3）。

　なお、2013年5月、アメリカのサンフランシスコでアメリカ精神医学会年次総会が開催された。そこで、「精神疾患の診断・統計マニュアル－第5版－」(Diagnostic and Statistical Manual of Mental Disorders -5th edition - ; DSM-5)[*3]が発表され、従来使用されていた精神遅滞が「知的障害」に改められている。これは、先述のAAIDDのAPAへの強い働きかけの結果とアメリ

[*3] 新しく公刊されたDSM-5は、わが国においてまだ翻訳されていない。

表11-3　支援の程度による知的障害の分類とその例

断続的	「要請に基づく支援」である。エピソードとして語られるような特徴をもっていて、通常は支援を必要としない人の場合や長い人生において短期間の支援（例：失業や急性疾患）が要請される場合である。断続的支援が行われる場合、その程度は強かったり、弱かったりする場合がある。
限定的	支援の程度が断続的なものではなく、時間は限定されるが常に必要であったり、少数のスタッフと低コストですむといった特徴をもつ援助である（例：期間が限定された職業訓練や成人期に達するまでの就学中に行われる過渡期援助）。
長期的	少なくとも（職場あるいは家庭のような）同じ環境で定期的に（例：毎日）しかも期間が限定されない特徴をもつ支援である（例：長期にわたる支援や家庭生活における長期の支援）。
全般的	この支援は、すべての環境で提供される、生命を維持させるような、一貫性と強さをもつ支援である。全般的支援は、長期的支援あるいは期間が限定された支援より多くのスタッフが必要であり、強引な支援でもある。

出典：Luckassonらによる「1992年版マニュアル（第9版）」（AAMR）より編者が引用・翻訳した

カの連邦法などの法律上の、あるいは社会使用への対応からであるとマニュアルでは述べられており、今後は医学、教育、福祉の領域などでも、あるいはわが国においても、この用語が一般的となっていくことが予想される。また、知的障害の重症度の分類は、「概念的」・「社会的」・「実際的」の3つの領域においてそれぞれ「軽度」・「中度」・「重度」・「最重度」に4つに分類することとしており、従来のIQによる分類を廃止している。

3 ── 知的障害の原因

知的障害の原因はさまざまであるが、これを惹き起こす危険因子をAAIDD（2010, p.60）は次の表11-4のようにまとめている。

出生前の原因としては、染色体異常、遺伝子病、代謝異常などが挙げられる。染色体異常では、21番目染色体が1本多いダウン症候群がよく知られている。新生児期の泣き声が猫の鳴き声に似ていることからつけられた猫泣き症候群は、5番染色体の一部欠失が見られる障害である。そのほか脆弱X症候群、ターナー症候群、クラインフェルター症候群などがある。先天性代謝

異常では、フェニールケトン尿症、ガラクトース血症などが知られている。

　２つ目の時期である周産期とは、出産前後の期間を指し、妊娠22週から出生後７日未満と定義されている。この時期に生じる知的障害の原因の１つに、予定より２週間以上前に生まれる未熟産がある。もちろん未熟児で生まれた子どもの多くは正常に発達しているが、呼吸機能の未熟性のため低酸素症に陥り、中枢神経系の発達が障害されて一部に知的障害が残る場合もある。

　３つ目の出生後の原因については、脳炎や髄膜炎などの感染症、交通事故などによる脳出血、脳挫傷などの外傷性脳損傷など、生物医学的な因子の以

表11-４　知的障害の危険因子

時期	生物医学的	社会的	教育的	行動的
出生前	1. 染色体障害 2. 単一遺伝子障害 3. 症候群 4. 代謝障害 5. 脳発育不全 6. 母親の疾患 7. 親の年齢	1. 貧困 2. 母親の栄養不良 3. ドメスティックバイオレンス 4. 出生前のケアへの接触の失敗(欠如)	1. 親の薬物使用 2. 親のアルコール使用 3. 親の喫煙 4. 親の未成熟	1. 支援されていない親の認知能力障害 2. 親になる準備の欠如
周産期	1. 未熟 2. 分娩外傷 3. 新生児障害	1. 出産ケアへの接触の失敗（欠如）	1. 親による世話の拒否 2. 親による子どもの放棄	1. 退院時介入サービスへの医療的紹介の欠如
出生後	1. 外傷性脳損傷 2. 栄養不良 3. 髄膜脳炎 4. 発作性障害 5. 変性疾患	1. 不適切な養育者 2. 適切な刺激の欠如 3. 家庭の貧困 4. 家族の慢性疾患 5. 施設収容	1. 子どもの虐待と無視 2. ドメスティックバイオレンス 3. 不適切な安全対策 4. 社会的剥奪 5. 困難な子どもの行動	1. 不適切な育児 2. 診断の遅れ 3. 不適切な早期介入サービス 4. 不適切な特殊教育サービス 5. 不適切な家族支援

＊生物医学的：遺伝性障害や栄養など、生物学的過程にに関連
　社　会　的：刺激や大人の反応など、社会と家族の相互作用に関連
　行　動　的：危険な（有害な）活動や母親の物質乱用など、原因となる行動と関連
　教　育　的：精神発達と適応スキルの発達を促進する、教育的支援の利用可能性と関連

※ＡＡＩＤＤによる「2010年版マニュアル（第11版）」のp.60を編者が翻訳した
出典：伊藤健次編『新・障害のある子どもの保育　第２版』みらい　2011年　p.62

外にも子どもへの虐待や不適切な育児など、行動的・教育的因子が原因している場合も多い。なお、知的障害のうち、原因がはっきりしているものはおよそ4分の1に過ぎず、残り4分の3は原因不明と言われている。

4 ── 知的障害の子どもたちへの援助

　知的障害のある子どもたちは、言葉、理解、身辺処理の自立などの発達が通常の時期より遅いため、必要以上に手をかけてしまうことがあるが、本人が1人でできそうなことは見守り、取り組む姿勢や意欲を育てていくことが大切である。そのためには、発達段階を正確に押さえ個別指導計画を作成し、短期間で達成可能な課題を設定し、楽しく取り組めるような工夫を取り入れながら、課題をスモールステップで進めていくことが基本である。

　たとえば、基本的生活習慣の獲得の1つである服のボタンはめでは、マジックテープ留めから始め、手元を見ることを最初の課題とする。手元を見ることができるようになったら、大きなボタンのついた服での真ん中のボタンを自分ではめ、次に下のボタン、最後に襟元のボタンに挑戦し、徐々にボタンの大きさを小さくして練習していく。また、手遊びや制作活動のなかで、手先の運動や目と手の共応、1つのことに集中する力も育っていく。

　同年齢の他児と比較して「○○ができない」など目に見える結果のみにとらわれず、「やってみたらできた」「やってみたい」と思えるような体験を積み重ね、自立に向けて支援していくことが大切である。

2
●自閉症スペクトラム●

1 ── 自閉症スペクトラムとは

　アメリカの児童精神科医であるカナー（Kanner, L., 1943）が、人との情緒的なかかわりに共通した困難性を示す11名の症例を"情緒的接触の自閉的障

害(Autistic Disturbances of Affective Contact)"と題してはじめて報告して以来、すでに70年が経過した。この間膨大な研究が行われ、カナーの古典的な記述から後年の「アスペルガー障害[*4]」まで多様な病像が報告されるようになってきた。このような病像は自閉性の程度や知的機能的レベルなどにおいて境界があいまいな状態で連続的しているとされ、現在では「自閉症スペクトラム」という、より広義の概念で整理される発達障害の1つとしてこの用語が使用されるようになってきている[*5]。

2 ── 自閉症スペクトラムの原因と特徴

　原因は脳機能障害が強く推定されており、保護者の養育態度や生育環境によって生じたものではない。
　自閉症スペクトラムには以下に示す3つの特徴が共通して見られるが、これらは能力の欠落ではなく、特徴のある認知スタイル、学習スタイルとして理解することが望ましい。

1．他者との社会的関係の形成の困難さ
　視線が合わない、名前を呼んでも振り向かない、介入を嫌がるなどの行動特徴を示す。また、他者と気持ちを共有したり、気持ちでの交流が苦手であり、友人関係がうまく築けず、仲間と協力して遊ぶことができなかったりする。状況が把握できず、集団で行動することも苦手であったりする。

[*4]　オーストリアの小児科医アスペルガー(Asperger, H., 1944)にその名の由来がある。彼は、「幼児期の自閉的精神病質(Die 'Autistischen Psychopathen' im Kindesalter)」と題する論文に4名の症例を報告している。

[*5]　APA(American Psychiatric Association, 2013)は、DSM-5(Diagnostic and Statistical Manual of Mental Disorders, 5th ed.)を発表した。このなかでは、"Autism Spectrum Disorder(公式な訳語ではなく、ここでは暫定訳として「自閉症スペクトラム」)"とする単一の障害単位としてまとめている(詳しくは参考文献参照)。

2．言葉の発達の遅れ

　自閉症スペクトラムの子どもたちは言語発達が遅れることが多い。言葉が話せるようになっても、キャッチボールのような対話は成立しにくく、指さしやジェスチャーでのコミュニケーション（非言語的コミュニケーション）も苦手である。自分勝手に指さしながら命名していく「定位の指さし」は出現しても、相手から聞かれたものを指さす「可逆の指さし」が苦手であったりする。また、相手の言った言葉をそのまま返す「反響言語（オウム返し）」や、手のひらを自分の方へ向けた「逆手バイバイ」や、要求時、相手の手を道具のように引っ張っていく「クレーン現象」もみられる。

　しかし、自閉症スペクトラムには、知的機能的レベルが高いまま保たれ、言葉の障害もないかあるいは少ないタイプもみられる。

3．興味や関心が狭く特定のものにこだわる

　ミニカーの1列並べや、ミニカーを前後に動かしてタイヤの動きを寝転がって見入る、バレリーナのように自転する、ピョンピョン飛び跳ねるなど、通常ではあまりみられない行動を繰り返したり、マークや車、昆虫や魚など自分の興味がある分野に関心が高く、「○○博士」と言われるタイプの子も多い。また、同じ道を通らないと怒ったり、手順が変わるとパニックになるなど、特定の習慣や手順にこだわる行動がみられたりする。物事の本質、いきさつや結果など、目に見えないものを想像したり、直感的に処理したりすることが苦手であるため、ごっこ遊びに参加できなかったり、予定が急に変更したりすると混乱を招いてしまったりする。

　以上みてきたこれらの症状や行動特徴は、同じ診断名をもつ子どもであっても一人ひとり異なり、年齢により大きく変化していくこともある。したがって、診断名だけで子どもをとらえるのではなく、その子どもの特性を知り、困り感や困難さを理解していくという姿勢での支援が望まれる。

3 ── 自閉症スペクトラムの子どもたちへの援助

　自閉症スペクトラムは脳の機能障害であり、薬や手術によって完全に治るということはないが、適切な保育・教育によって良好な予後を示すということが多くの臨床報告から明らかにされている。支援や援助の際には、自閉症スペクトラムの認知特性の消失を目的にするのではなく、彼らの苦手さや困難さに気づき、その子にあった配慮を組み立てていくことが大切である。以下にそのポイントを列挙する。

1．信頼関係の形成
　状況の変化に対して混乱しやすく、新しい環境に慣れるのが苦手な子どもたちにとっては、入園後の園生活は不安の連続であろう。したがって、子どもにとって身近な存在である保護者や保育者が、安心感を与える「安全基地」になることが大切である。信頼感や安心感に支えられることによりありのままの自分が発揮でき、学習も進んでいく。初めての行事に参加させるときは、最初は信頼できる保育者の側で観察し、恐怖心が和らぎ好奇心が芽生えてきたら「安全基地」である保育者が付き添って少しずつ参加させていくというように、焦らずスモールステップで進めていくことがポイントとなる。これはすべての保育・教育の前提であり、自閉症スペクトラムの子どもたちだけでなく、発達障害の子どもたちすべての援助の基本である。

2．わかりやすい伝え方の工夫
① 環境の構造化
　自閉症スペクトラムの子どもたちは状況の判断や理解が苦手である。生活や指導環境を組織化・系統化してわかりやすく提示したり予告したりすることによって、安心して自主的に行動できるよう支援することを構造化という。
　具体的な例として、スケジュール表などで予定や手順、ゴールを視覚的に示し、活動の見通しがもてるようにする（時間の構造化）、作業ごとに場所や位置を変え、ここは何の作業をするエリアなのかをわかるようにする（場所

の構造化）など、特性を踏まえた支援の工夫が有効である。特に行事などで通常の日課が変更する場合は、事前にその変更内容や手順を絵や文字、数字で丁寧に伝えることがサポートのポイントとなる。

② **指示は具体的にわかりやすく**

この子どもたちは、比喩的な表現やあいまいな指示を読み取ることが苦手であったり、言葉を文字どおりに解釈するということがある。たとえば、「お風呂のお湯、見てきて」と頼まれ、「お湯が一杯になっていたら止めてきてね」という意図が読めず、「はい、見てきたよ」と返事をして終わっていたり、「耳を貸して」と言われて、「耳は取れないから貸せない」と返事をしたというエピソードもよく聞く。「適当な時間に来て」「好きなところに座ってください」などのあいまいな表現や指示は混乱を招いて、戸惑ってしまう。「3時に来てね」「イスに座ってください」など、指示は明確にすることが必要である。また、一度に多くの指示を出すと混乱してしまう場合は、子どもの理解力にあわせて指示を分割して提示する工夫も大切である。

③ **感覚過敏性・鈍感を理解する**

自閉症スペクトラムの子どもたちのなかには、感覚過敏を示す子どもも多い。聴覚過敏の場合、たくさんの音のなかから必要な音・声だけを拾うことができず、いつも雑音のなかにいる感じがしているため耳ふさぎをしたり、運動会のピストル音や笛の音が怖くて行事に参加できない子もいる。視覚が過敏な場合、極端にまぶしがったり、文字や数字を読みふけったりという行動につながる。また独特な味覚の敏感さから、炊き込みご飯は異物感を感じ白いご飯しか食べられないなど、特定のものしか食べられないという強い偏食を示す子もいる。肌が敏感な場合は、皮膚に何かが触れることに耐えられず、砂や粘土遊びや、耳掃除や洗髪、爪切りなど身の回りの世話を嫌ったり、シャワーが皮膚にあたると痛さを感じるという子もいる。また一方で、感覚の鈍感さをもち合わせている場合もある。

感覚の問題に対しては、感覚の過敏・鈍感という特性を抱えているかどうかを把握し、過敏な場合は、可能な限り不快な原因を探りそれを取り除く方向で対応してあげたい。取り除くことが不可能な場合は、その刺激から子ども

を遠ざけたり、楽しめる遊びで気分転換を図ったりして落ち着いて過ごせるよう支援することが大切である。

3
●注意欠陥/多動性障害（AD/HD）●

1 ── 注意欠陥/多動性障害（AD/HD）とは

AD/HDの基本症状は、文部科学省（2003）が次のように定義している。

> ADHDとは、年齢あるいは発達に不釣り合いな注意力、及び/又は衝動性、多動性を特徴とする行動の障害で、社会的な活動や学業の機能に支障をきたすものである。
> また、7歳以前に現れ、その状態が継続し、中枢神経系に何らかの要因による機能不全があると推定される。

また、アメリカ精神医学会（2013）によるDSM-5では、注意欠陥/多動性障害（Attention-Deficit/Hyperactivity Disorder）という診断カテゴリーのなかでAD/HDの基本症状として、不注意（課題や遊びの活動で注意し続けることが難しい、気が散りやすい、仕事を最後までやり遂げることが難しい、興味のおもむくまま行動する、忘れ物やミスが多い）、多動性（手足をもじもじさせている、教室から勝手に出て行ってしまう、イスに座っていられない、じっとしていられない、過度にしゃべる）、衝動性（質問が終わらないうちに答えてしまう、順番が待てない、他人の行動に割り込む、我慢ができない）の3つが示されており、これらの症状が12歳までにみられ、学校と家庭など2か所以上の場面において観察されることが判断の基準とされている。このうち、不注意の症状が顕著な場合を「不注意優位型」、多動性と衝動性が顕著にみられる場合を「多動性-衝動性優位型」、両方の症状をもち合わせている場合を「混合型」と呼ぶ。

原因は、ドーパミンという神経伝達物質の働きの異常にある推定されている。ドーパミンとは、ある精神活動をするとき、ほかの感覚刺激を抑制して

1つのことに集中する働きを調整してくれるホルモンである。AD/HDの子どもたちはこのドーパミンの働きが弱く、集中力を持続できなかったり、複数の情報を参照しながら活動計画を立てて実行することが困難であったりする。不注意の症状のもう1つの特徴として、自分の興味のあることに集中してしまうと、集中し過ぎて次の活動に切り替えられないという過剰集中の傾向もみられる。このような特徴をもっていると、「自分勝手だ」「我慢が足りない」「しつけが悪い」など誤解を招きがちであるが、決して本人の努力不足や親のしつけ、生育環境が原因ではない。また出現率は、各国の報告に多少の差はあるが、学童のおよそ3～7％と推定されており、男児に多く認められる。

2── 注意欠陥/多動性障害の子どもたちへの援助

1．肯定的な言葉がけの工夫

　AD/HDの子どもたちは、不注意、多動性、衝動性といった行動特徴から、日常的に禁止や注意を受けることが多く、否定語を聞いただけで大人への反抗心にスイッチが入ってしまう子もいる。彼らは、大人が思っている以上にこうした言葉をデリケートに強く受け止めている。また否定だけではどのように行動すればよいかがわからない。したがって、「またやってしまったの？だめだな」というような否定的な言葉や、「○○してはいけません」といった禁止で終わることは避け、「○○しましょう」など肯定形の言い方で、どうしたらよいかをメリハリよく伝えることがポイントである。

2．落ち着いて過ごせるよう環境調整をする

　学習に関しては、視覚的にも聴覚的にも触覚的にもなるべく気が散らないように環境を整える工夫が大切である。教室内に魅力的な掲示物があると注意はそちらへ奪われてしまうので、特に黒板やその周辺には不要な掲示物は貼らないようにする。座席は担任の声が届きやすく、不要な視覚刺激が入りにくい前の席にするとよい。机の上には必要なものだけを出し、不要なもの

は片づけさせる。活動の前には手順をわかりやすく説明し、時計やタイマーを使って進行や終了時間が確認できるようにすると安心して行動できるようになる。また、集中して課題に取り組めたときにはその態度を具体的にほめてあげると、適切な行動が定着しやすい。シールを貼るなどし、達成度が視覚的に確認できるようするのも工夫の１つである。

4
●学習障害（LD）●

1 —— 学習障害とは

　学習障害（LD）とは、文部省（1999, 現文部科学省）によれば次のように定義されている。

> 　学習障害とは、基本的には全般的な知的発達に遅れはないが、聞く、話す、読む、書く、計算する又は推論する能力のうち特定のものの習得と使用に著しい困難を示す様々な状態を指すものである。

　これは教育的用語としてのLearning Disabilitiesであり、医学的用語としては、アメリカ精神医学会（2013）によるDSM-5のなかで「Specific Learning Disorders」として定義づけられているが、最近では「学習のスタイル、学び方が異なる」子どもたちととらえ、「Learning Different」と言い換えることができるといわれている。
　LDの子どもたちは、外見からは明確な遅れがあるのかがわかりにくいため、「怠けている」「努力不足」など不当な評価を受けることがあるが、AD/HDと同様、原因は脳の機能障害であり、決して本人の性格や人間性に起因するものではなく、また育て方や教育・保育といった環境要因が直接的な原因でもない。

2 ── 学習障害の子どもたちへの援助

1．認知特性を理解した環境支援をする

　LDの子どもたちは、学習場面や生活場面でさまざまな困難に直面している。しかし彼らは決して怠けているわけではなく、特有の認知特性をもっているためうまくできず「困っている」のである。たとえば、算数に関しては、基本的な数の操作ができなかったり、位取りがずれてしまったり、文章題の問題文で問われている内容自体がイメージできなかったりする。このような子どもたちに対しては、計算式の横に○を書いてその○（具体物）を数えながら計算させたり、位取りがずれないようにマス目や罫線を印刷したプリントを用意したり、文章題の内容を身近な出来事を題材として取り組ませたりするなどの工夫をし、手順を踏めば正解が得られるという体験を踏ませることが大切である。

　国語の読みに関しては、読むのに時間がかかってしまったり、行を飛ばしたり、同じところを何度も読んでしまったりする子も多い。このような場合は、読む行だけが見えるような厚紙を用意したり、文字を大きくしたり、漢字にはかなをふるなどし、読みに対する嫌悪感を取り除いてあげるとよい。書くことに関しては、板書されている文章をノートに写すのが困難であったり、文字が整っていなかったり、マスからはみ出したりしてしまう子も多いので、ノートのマス目に合わせて板書するとわかりやすくなる。また文字が見やすいように座席を前にしたり、もちやすい三角鉛筆を用意するなどの工夫をすると負担が軽くなる。

2．幼児期からの支援

　LDの診断については、小学校入学以降にされるのが一般的であるが、視覚認知、触覚認知、量的概念などの発達の偏りは幼児期から認められ、保育所・幼稚園には次のような問題がみられる。

> ・人や物との距離感がつかめず、人や物によくぶつかる
> ・箸やハサミを上手に使えない、線をまっすぐに引けないなど、目と手の共応がうまくいかない
> ・話したい気持ちが先だって、筋道を立てて話すことができない
> ・形の模写が困難で、うまく描けず、製作活動でとまどってしまう
> ・複数の指示を出すと、順番がわからなくなってしまう

　しかし、これらの兆候が認められるからといってLDであるとは言い切れない。保育者が「困った子」としてみてしまうと、子どものもっている力の芽を摘んでしまいかねない。本格的な学習が始まる前の幼児期にはがんばっていることを認め、その子どものスピードに合わせた支援を通して、やる気を育てたい。

5 ●児童虐待●

　児童虐待（child abuse）とは、子どもに対する親または養育者による身体的、精神的な暴力行為の総称であり、このような行為が体罰の範囲を超えて長期にわたり繰り返されているものを指し、2000（平成12）年に制定された「児童の虐待の防止等に関する法律」（通称：児童虐待防止法）によって明確に定義づけられた。虐待は、表11－5に示した4つの行為に分類される。

表11－5　虐待の種類

①身体的虐待 　身体的暴行。殴る、蹴る、タバコの火をおしつける、鞭で叩く、熱湯につけるなど。
②ネグレクト 　子どもに必要な養育を行わない。食事を与えない、身の回りの世話をしない、教育を受けさせない（教育ネグレクト）、必要な医療を受けさせない（医療ネグレクト）など。
③性的虐待 　子どもに過度に性的な刺激を与える。性交、性的接触を強いる、ポルノを見せるなど。
④心理的虐待 　心的外傷を与える行為。罵りや罵倒を繰り返す、同胞間で差別するなど。

出典：杉山登志郎『そだちの臨床』日本評論社　2009年 p.64,pp.71-72をもとに筆者作成

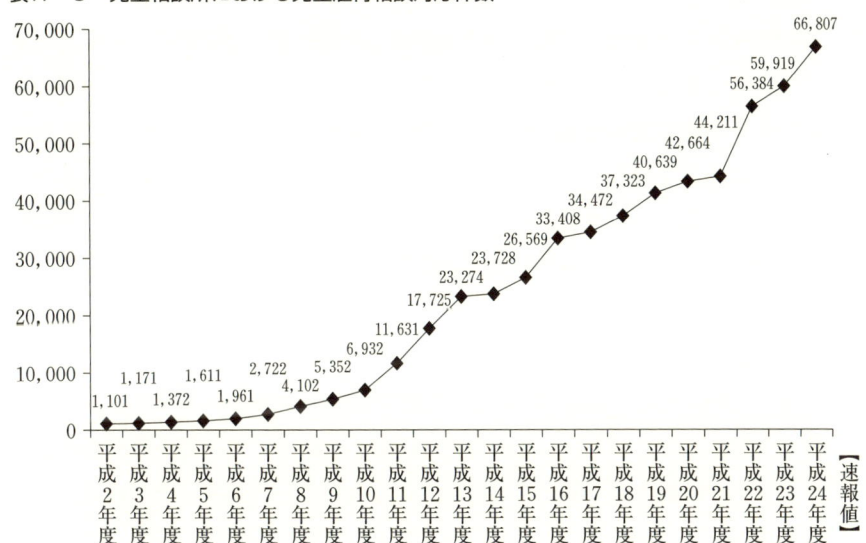

表11-6 児童相談所における児童虐待相談対応件数

年度	件数
平成2年度	1,101
平成3年度	1,171
平成4年度	1,372
平成5年度	1,611
平成6年度	1,961
平成7年度	2,722
平成8年度	4,102
平成9年度	5,352
平成10年度	6,932
平成11年度	11,631
平成12年度	17,725
平成13年度	23,274
平成14年度	23,738
平成15年度	26,569
平成16年度	33,408
平成17年度	34,472
平成18年度	37,323
平成19年度	40,639
平成20年度	42,664
平成21年度	44,211
平成22年度	56,384
平成23年度	59,919
平成24年度【速報値】	66,807

出典：厚生労働省「児童相談所での児童虐待相談対応件数」2013年7月25日公表

　児童虐待は年々増加しており、児童相談所が虐待として対応した件数は1990（平成2）年度には1,101件であったが、2012（同24）年度には66,807件に上っている（表11-6）。この20年ほどの間に激増したことになる。

1．虐待と乳幼児期の愛着形成不全

　ボウルビィ（Bowlby, J.）は1951年の報告書のなかで「乳幼児と母親との人間関係が親密かつ継続的で、しかも両者が満足と幸福感に満たされるような状態が乳幼児の性格発達や精神衛生の基礎である」と述べている。乳児は生後6～7か月になると特定の誰か（多くは母親）に対して、「この人は自分が困ったときはいつでも何とかしてくれて、自分を守ってくれる大切な人だ」「この人のそばにいれば安心だ、ずっと一緒にいたい」という気持ちを抱くようになる。このような「特定の人と人の間に形成される、時間や空間を越えて持続する心理的結びつき、愛情の絆」を愛着と呼び、乳児からそのような気持ちを抱かれた相手を愛着対象と呼んでいる。愛着は、乳児は誕生後、

母親と見つめ合ったり、乳児の声に母親が応答したり、微笑みかけたり、抱っこやおんぶ、マッサージなどの身体接触、授乳やおむつ交換などの世話を通じて母親と乳児との相互関係の繰り返しのなかで形成されていくものである。このような相互関係を通じて母親が安全基地となり、安心して探索行動をはじめるようになる。しかし、本来安全基地となり、信頼できるはずの親から虐待を受けると、心身の広範な領域に大きな後遺症を残してしまう。愛着形成不全が乳幼児にもたらす発達上の影響はとても大きい。

2. 発達障害と虐待

　杉山（2009）は、2001（平成13）年から2008（同20）年までの7年間に子育て支援外来で診察を行った虐待の症例数のなかで、発達障害の診断可能な児童は全体の過半数（52％）を占めていたと報告している。そのうち、広汎性発達障害（PDD）は25％前後、注意欠陥/多動性障害（AD/HD）は20％前後を示しており、被虐待には多動や不注意を示すことが一般的といわれている。発達障害をもつ子どもはその行動特徴から育てにくく、虐待を受けるリスクも高い傾向にあるといえよう。

　障害者を虐待から守る法として、2012（同24）年10月1日から「障害者虐待の防止、障害者の養護者に対する支援等に関する法律」（通称：障害者虐待防止法）が施行されることとなった。同法では、表11−5の示した4つの虐待の種類に加えて「経済的虐待」も対象となっている。これは、障害をもった人に日常生活に必要な金銭を渡さない・使わせない、本人の同意なしに財産・預貯金を処分するなどである。特に、発達障害をもった人たちは虐待されているという認識がなく、我慢を強いられていることも多い。障害のある人が家族や施設・利用しているサービス事業所の職員、会社の使用者や同僚などからが虐待されているのではと気づいたら、周囲のものが各市町村の障害者虐待防止センター、障害者地域生活支援センター、都道府県の都道府県権利擁護センターへ相談することで状況が改善される。

3．虐待の兆候

　虐待は、早期発見・早期介入・早期対応が大切である。日々親子にかかわる保育者は、子どもの様子をしっかり観察し、虐待の兆候を見逃さないことが虐待防止の第一歩となる。以下に子ども虐待評価チェックリストを示す。

表11-7　子ども虐待評価チェックリスト(確認できる事実および疑われる事項)
評価　3：強くあてはまる　2：あてはまる　1：ややあてよはる　0：あてはまらない

子どもの様子（安全の確認）	評価
不自然に子どもが保護者に密着している	
子どもが保護者を怖がっている	
子どもの緊張が高い	
体重・身長が著しく年齢相応でない	
年齢不相応な性的な興味関心・言動がある	
年齢不相応な行儀の良さなど過度のしつけの影響が見られる	
子どもに無表情・凍りついた凝視が見られる	
子どもと保護者の視線がほとんど合わない	
子どもの言動が乱暴	
総合的な医学的診断による所見	
保護者の様子	**評価**
子どもが受けた外傷や状況と保護者の説明につじつまが合わない	
調査に対して著しく否定的である	
保護者が「死にたい」「殺したい」「心中したい」などと言う	
保護者が子どもの養育に関して拒否的	
保護者が子どもの養育に関して無関心	
泣いてもあやさない	
絶え間なく子どもを叱る・罵る	
保護者が虐待を認めない	
保護者が環境を改善するつもりがない	
保護者がアルコール・薬物依存症である	
保護者が精神的な問題で診断・治療を受けている	
保護者が医療的な援助に拒否的	
保護者が医療的な援助に無関心	
保護者に働く意思がない	
生活環境	**評価**
家庭内が著しく乱れている	
家庭内が著しく不衛生である	
不自然な転居歴がある	
家族・子どもの所在が分からなくなる	
過去に虐待歴がある	
家庭内の著しい不和・対立がある	
経済状態が著しく不安定	
子どもの状況をモニタリングする社会資源の可能性	

出典：厚生労働省「子ども虐待防止の手引き」2010年

チェックリストのいくつかの項目が該当した場合虐待が疑われるが、項目にとらわれ過ぎず、日常的に親子に接するなかで総合的に判断することが大切である。また、このような兆候がみられたら、関係職員間で情報交換や事実確認をし、児童相談所や福祉事務所等に通告する時期や方法を誤らないことが肝心である。また、支援が必要な家庭に対しては、問題が発生したとき保護者と話し合うのではなく、日頃から声をかけ、こまめに子どもの様子を伝えるなどして信頼関係を築いておくことが大切である。信頼関係ができていれば、緊急時に家庭の問題に立ち入りやすくなり、時期を逃さず家族や子どもの支援を行えるようになる。

【参考文献】
杉山登志郎『そだちの臨床』日本評論社　2009年　p.64, pp.71-72
根岸敬矩・梶山雄二『児童思春期精神医学入門』医学出版　1999年
阿部利彦『発達が気になる子のサポート入門』学研新書　2010年
アメリカ精神医学会『DSM-Ⅳ-TR精神疾患の診断・統計マニュアル新訂版』医学書院　2004年
井澤信三・小島道生『障害児心理入門』ミネルヴァ書房　2010年
伊藤健次『新・障害のある子どもの保育〔第2版〕』みらい　2011年
厚生労働省『障害児支援の見直しに関する検討会』報告書　2008年
成田朋子・大野木裕明・小平英志編著『保育実践を支える保育の心理学Ⅰ』福村出版　2011年
日本心理臨床学会『心理臨床の広場⑨』2012年
発達障害者支援法ガイドブック編集委員会編『発達障害者支援法ガイドブック』河出書房新社　2005年
林邦雄・谷田貝公昭『障害児保育』一藝社　2012年　pp.74-75、pp.100-108
平山諭『障害児保育』ミネルヴァ書房　2008年
文部省学習障害及びこれに類似する学習上の困難を有する児童生徒の指導方法に関する調査研究協力者会議「学習障害児に対する指導について（報告）」1999年7月
文部科学省「今後の特別支援教育の在り方について（最終報告）」2003年3月

文部科学省「小・中学校におけるLD、ADHD、高機能自閉症の児童生徒への教育支援体制の整備のためのガイドライン（試案）」2004年1月

杉山登志郎「発達障害から発達凸凹へ」『児童青年精神医学とその近接領域53（3）』2012年　pp.220-223

小林芳郎『生きる力を育てる臨床心理学』保育出版社　2013年

American Psychiatric Association, *Diagnostic and Statistical Manual of Mental Disorders, 5th ed.*, Arlington, V.A.：Author, 2013.

Kanner,L., Autistic Disturbances of Affective Contact., *Nervous Child*, 2, pp.217-250., 1943.（十亀史郎・岩本憲・斉藤聡明訳『幼児自閉症の研究』黎明書房 1978年 所収）

伊藤健次訳「アスペルガー障害」内山喜久雄ほか監訳『認知行動療法事典』日本評論社 2010年 pp.5-8所収 (In: Freeman, A. et al. (Ed.), *Encyclopedia of Cognitive Behavior Therapy.*, N.Y., 2005.)

第12章 コミュニティと子ども臨床

1 保育領域のサポート源

1──「保育カウンセリング」を考える時に気をつけたいこと

　相手の心身の状態を適切に把握し、その状態や状況に応じた必要な援助を行うために、カウンセリングの知識や技術は有効だと考えられている。中央教育審議会（以下、中教審）は保護者への専門的援助や幼児教育・保育を専門とする者（以下、保育者）への専門的支援が望まれる「保育カウンセラー」に言及しているが（図12－1）、これは臨床心理士などの専門職を想定している。一方、保育者が保育現場でカウンセリングの技術を用いて援助的にかかわることを「保育カウンセリング」と呼ぶ例もあることから、保育現場のカウンセリングを語る際には「誰を相談の担い手として念頭に置いているか」に注意する必要がある。

　以下の項では、保育現場で、心理臨床の専門家などが行う相談援助を「保育臨床相談」、保育者が行う相談活動を「保育相談」と呼びわけることにする。

2──保育現場での相談援助

1．心理専門職による「保育臨床相談」

　子どもの園生活への不適応や生活習慣、気になる性格や行動、障害のある子どもへのかかわりや発達障害が考えられる子どもへの対応に加え、虐待を

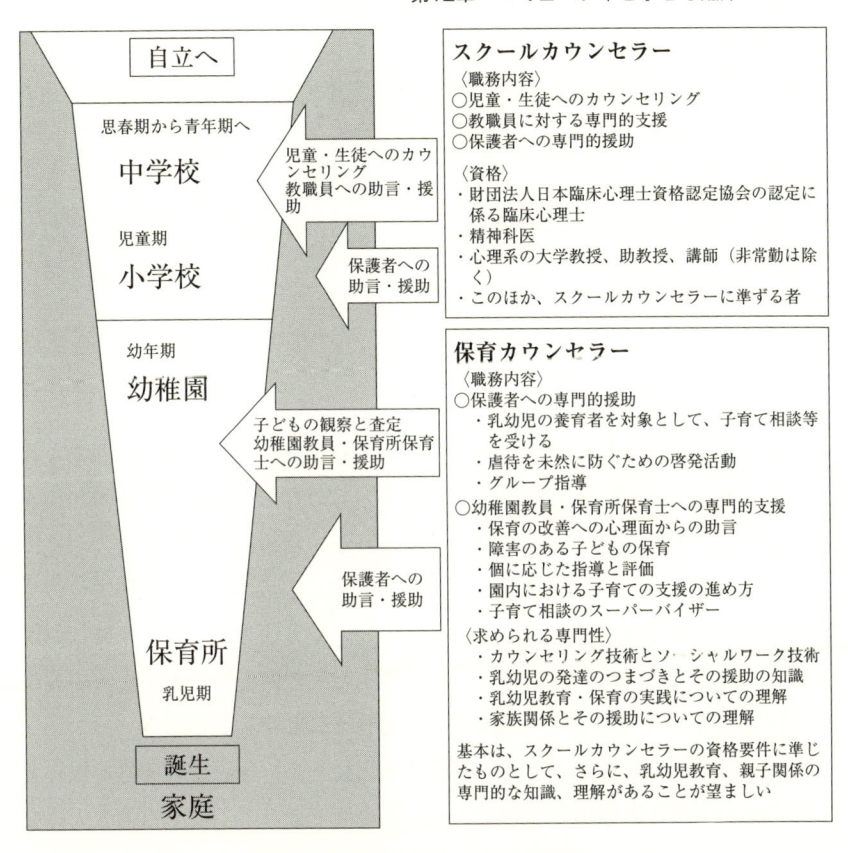

```
                          自立へ
        思春期から青年期へ
           中学校           児童・生徒へのカウ
                          ンセリング
                          教職員への助言・援
        児童期              助
           小学校
                          保護者への
                          助言・援助
        幼年期
           幼稚園
                          子どもの観察と査定
                          幼稚園教員・保育所保育
                          士への助言・援助

                          保護者への
                          助言・援助

           保育所
        乳児期

           誕生
           家庭
```

スクールカウンセラー
〈職務内容〉
○児童・生徒へのカウンセリング
○教職員に対する専門的支援
○保護者への専門的援助
〈資格〉
・財団法人日本臨床心理士資格認定協会の認定に係る臨床心理士
・精神科医
・心理系の大学教授、助教授、講師（非常勤は除く）
・このほか、スクールカウンセラーに準ずる者

保育カウンセラー
〈職務内容〉
○保護者への専門的援助
　・乳幼児の養育者を対象として、子育て相談等を受ける
　・虐待を未然に防ぐための啓発活動
　・グループ指導
○幼稚園教員・保育所保育士への専門的支援
　・保育の改善への心理面からの助言
　・障害のある子どもの保育
　・個に応じた指導と評価
　・園内における子育ての支援の進め方
　・子育て相談のスーパーバイザー
〈求められる専門性〉
・カウンセリング技術とソーシャルワーク技術
・乳幼児の発達のつまずきとその援助の知識
・乳幼児教育・保育の実践についての理解
・家族関係とその援助についての理解
基本は、スクールカウンセラーの資格要件に準じたものとして、さらに、乳幼児教育、親子関係の専門的な知識、理解があることが望ましい

図12-1　保育カウンセラーの専門性

出典：文部科学省「保育カウンセラーの専門性」　2004年
http://www.mext.go.jp/b_menu/shingi/chukyo/chukyo3/008/siryo/04060101/006.pdf

受けている（可能性のある）子どもや外国籍の子どもについての問題、それらの背景にある養育環境の問題など、子どもをめぐる問題は多様化している。また保護者も、孤立化による育児不安の増大、あるいはひとり親や若年齢層の保護者に生活基盤のゆらぎが起こりやすい状況のなか、悩みやストレスが大きくなってうつ病や心身症などの精神症状を抱える状況が目立つようになっている。さらに、それら子どもや家庭の問題に応じようとする保育者自身も悩みやストレスを抱えやすくなっている現状のなかで、乳幼児の発達や

障害についての知識やカウンセリング技術をもつ専門職の役割は重要性を増している。その役割とは、子育て相談や保護者グループの支援、虐待防止の啓発、対象理解や取り組み方法についての保育者への助言、そして園との支援体制の見直しと有益なシステムづくりへの協働である。これらの取り組みは、臨床心理士などによる園への巡回相談、自治体が派遣する「保育カウンセラー」の園内配置による相談やグループワーク、保育者研修会での支援などの形で展開されている[1]。

2．保育者による「保育相談」

2008（平成20）年に改定された『保育所保育指針』[2]で、保育士の新たな役割が加えられた（表12-1）。保育者は、子どもの育ちや保護者の支援に役立てるように、また業務の負担に押しつぶされないためにも、子どもの発達に応じた支援方法や保護者の特徴に応じた相談技法、よくある事例について知っておく必要がある。ただし、それらの知識や方法を知りさえすれば問題を解決できるとは言い切れない。目の前の子どもの関心や背景、保育の流れの状況に応じて必要な方法を判断する力を養うことが必要だろう。

一人ひとり異なる悩みを抱えた保護者と出会う時、保護者の要望と保育者自身の思い（こうした方がよいのに…）との間で揺れ、不安や自信喪失感を抱くことも起こりがちである。しかし見方を変えれば、「保育実践の場で子どもとともに過ごしている保育者だからこそ、揺れ動き悩む」[3]ことができる

表12-1　新たに加えられた保育士の役割

①発達過程の把握による子どもの理解
②「養護と教育の一体的な実施」
③不適切な養育に関する早期把握や地域の専門機関との連携
④発達の連続性を踏まえた保育内容の工夫 　小学生・職員間の交流や保育所児童保育要録の送付など小学校との連携
⑤保護者との子どもの成長の喜びの共有や、保護者の養育力の向上に結びつく支援 　地域資源の活用による保護者支援の強化
⑥「保育課程」「指導計画」の作成による実践の振り返りや自己評価 　研修や職員の自己研鑽を通じた職員の資質と職員全体の専門性の向上

ともいえる。保護者の立場を理解しつつ（お母さんも大変ですね）、保護者と"ともに"子どもの育ちを引き受け解決の糸口を探そうとするあり方が、保育相談を支える基本姿勢となる。また、その問題について園長や先輩、同僚と話すことは、余裕を失って自分の見方や構えが固くなっている時には特に、自分の見方の枠を拡げて相談に臨み、しなやかなかかわりを取り戻す機会となるだろう。

3 ── 事例：保育相談における「問題」のとらえなおし

> **事例1：「その子」の間合いで理解すること**[4]
>
> 　幼稚園で、ある3歳児の母親から子どもについての相談があった。その子は家に友だちを呼んでも自分のおもちゃは絶対に貸したがらず、友だちの家では友だちのおもちゃを手にすると譲らずにトラブルになることが多く、母親が謝らなければならないことが多くて困っているという。その子は小さい時からとても我が強く、祖母や近所の人からも「この子を育てるのは大変ね」と同情されてきたという話であった。
> 　そこで相談者は、幼稚園でおもしろい遊びを考えだして、ほかの園児を巻き込んで協調的に遊ぶその子の姿を具体的な保育の出来事として紹介しながら、母親とともにその子の気持ちになって行動を考えていった。それによってその母親の子どもを見る目は変化していった。そのとき母親は相談者に、「今まで誰も私に子どもの立場に立って考えるように言ってくれた人はいなかったです」と語った。
> 　母親は周りの人たちにも相談していたが、子育ての大変さに同情してくれることがなおさら、「大変な子を育てている私」という見方を母親自身のなかに強めていったのである。しかし、知的好奇心が旺盛であるその子が、保育の場でどのように生きているかという母親の気づいていない面をありのままに見ていくことで、母親の子どもを見る目は変わっていったのである。

日頃のかかわりが深い子どもの問題ほど、「『この子』はわがまま」と自らの主観をもとに断定的に語りがちになる。一方、「『あの子』の行動は自閉症的なこだわり？」など「客観的」な物差しをあてがいたくなる時、かえって子どもの動機や感情の理解、また保護者との関係から遠ざかる可能性もある。事例の相談者は、園でみられる「その子」の事実を示しつつ、「その子」の気持ちがどうであったか、母親と一緒に「その子」の立場で考えようとした。それは、母親が普段手を焼いている立場からの「この子」理解や、その困った行動への対処にとらわれがちな視点を一度脇へ置き、「その子」自身のあり方をありのままに見つめなおし、行動の「意味」を探しそうと協力する「とらえなおし」の機会になったと考えられる。「その子」という間合いでわが子を見つめなおし、母親の子ども理解が深まることは、子どもへのかかわりの変容につながる。自分に対する母親の変化を子どもは敏感に感じとるものであり、重要な他者とのかかわりの変化は、自分を取り巻く世界とのかかわりの変容に力を添えるものである。

2　教育領域のサポート源 —教育臨床の場—

1 ── 教育臨床とは

　子どもたちが抱える「心の落ち着かなさ」は、日常生活の大部分を過ごす学校生活において多様な「不適応」「問題行動」として現れる。そのような子どもたちの問題解決を教育の面から援助し成長を促そうとする取り組みを「教育臨床」と呼ぶことがある。それは単に教職員による相談対応だけでなく、他の専門職や地域の専門機関、そして家庭とともに、非行・児童虐待防止・不登校・ひきこもりなど子どもの問題に応じる相補的なネットワークをつくり、子どもが安心して相談できる環境をつくる取り組みをも意味する（図12-2）。

　教育臨床は主に表12-2に示すような学校内外での多様な活動を含んでい

るが、ここでは学校内の活動として学校教育相談とスクールカウンセリングを、地域の活動のうち教育相談と適応指導教室を、さらに「特別な支援を要する子どもへの支援」について取りあげる。

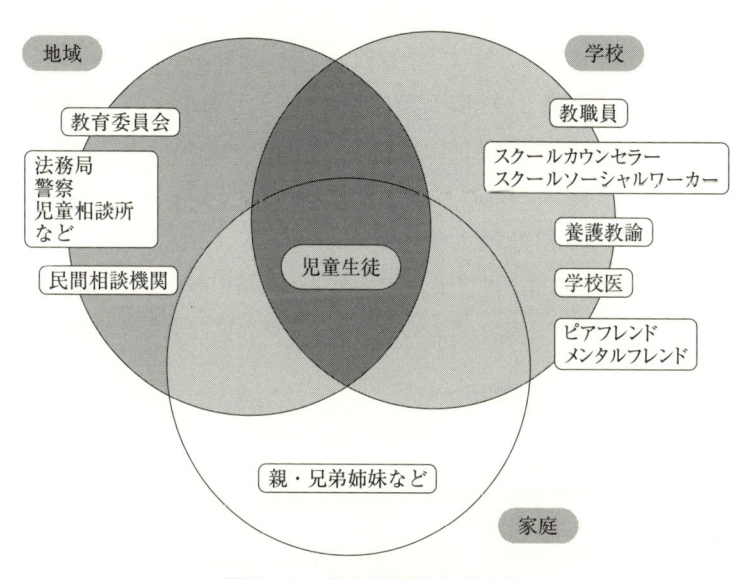

図12-2 教育相談体制の概念図

地域
- 教育委員会
- 法務局
- 警察
- 児童相談所
- など
- 民間相談機関

学校
- 教職員
- スクールカウンセラー
- スクールソーシャルワーカー
- 養護教諭
- 学校医
- ピアフレンド
- メンタルフレンド

中心：児童生徒

家庭
- 親・兄弟姉妹など

出典：文部科学省『児童生徒の教育相談の充実について（報告）－生き生きとした子どもを育てる相談体制づくり－』2007年 p.7

表12-2 教育臨床の主な活動

学校内	地域
①生徒指導・学校教育相談	①教育センター・教育相談所
②スクールカウンセリング	②適応指導教室・相談学級
③保健室での相談・援助	③特別支援学校
④HRや生徒会を通じた学校生活支援	④地域における支援活動
⑤学習場面を通じた活動	（フリースクールなど）
⑥学校内の適応指導教室・相談学級	⑤他の専門機関
⑦特別支援学級	（医療・保健・福祉・司法矯正など）
⑧学生相談（大学・短期大学など）	

出典：藤岡孝志「教育領域における活動モデル」『講座臨床心理学6 社会臨床心理学』東京大学出版会 2002年 pp.64-65

2 ── 教育臨床の場

1．学校教育相談

　学校教職員による相談活動は、教育センターなどで臨床心理士らが行う「教育相談」と区別するため、特に「学校教育相談」と呼ぶことがある。学校生活での子どもや保護者との相談形態は多様である（表12-3）。学校教育相談による援助は、①全児童生徒に対する教育活動全般でキャリア形成や自己の成熟を目指す「開発的援助」と、②自己実現できずにいる一部児童生徒の学習の問題や人間関係の困難が深刻化するのを防ぐ「予防的援助」が中心となる。一方、③学校生活への不適応や行動上の問題がある場合には、他の教職員や保護者、医療・心理・障害の専門家や機関と協力する「治療・リハビ

表12-3　教職員による相談のパターン

①自発的相談	子どもが何らかの助けを求めて自ら教師のもとに来る場合
②定期相談	学校行事として一定期間に全校児童生徒を対象に行うもの
③呼び出し相談	必要を感じた教師が子どもを呼んで行うもの
④三者面談	子ども・保護者・教師が集まって行うもの
⑤チャンス相談	休み時間や登下校時などたまたま出会った時に始まるもの
⑥依頼相談	他の教師や子ども、保護者から頼まれて特定の子どもと会う場合
⑦訪問相談	教師が子どもや保護者のところに出かけて行うもの

出典：辻明美「学校生活に生かす」渡辺三枝子編『学校に生かすカウンセリング［第2版］』ナカニシヤ出版　2004年

表12-4　学校教育相談担当とチームに求められる力

機能	内容
①アセスメント力	子どもの問題状況の本質を把握する力
②ケースマネージメント力	子どもの問題状況に対処するための方略を立てる力
③カウンセリング力	広い意味でのカウンセリングを通して子どもや保護者の考え方・行動の変容を促す力
④コンサルテーション力	異なる専門性や役割をもつ者どうしが子どもの問題状況について検討し、今後の援助のあり方を話し合う力
⑤コーディネーション力	学校内外の援助資源を発掘し、援助チームの形成など学校組織レベルで援助活動を調整する力

出典：岡田守弘・芳川玲子「学校教育と学校教育相談の意義」『教師のための学校教育相談学』ナカニシヤ出版　2008年

リ的援助」の重要性が増す。相談活動を進めるには、表12-4に示す資質の向上が求められる。

2．スクールカウンセリング

　いじめや不登校など、児童生徒の問題行動に対する早期発見と対応、そして未然防止のための「心の専門家」の必要性が高まり、1995（平成7）年より公立の小・中学校を中心にスクールカウンセラー（以下「SC」）を配置する取り組みが始まって以来、公立中学校の8割以上にSCが配置されるまでになっている。SCとなるのは、主に臨床心理士など心理臨床の領域に関する専門的知識と臨床経験をもつ者である。SCの役割は、大きく3つに要約できる[5]。

① 児童生徒・保護者に対する援助

　不登校やいじめ、非行、摂食障害やリストカットなどの問題を、経緯や本人を取り巻く状況、本人の学習状況や進路希望、性格などを含め多面的に把握し、子どもに固有の問題に即した「解決」を目指して相談を行う（児童生徒への援助）。また、解決へのカギを握ることが多い保護者との相談により、時には保護者自身の気持ちや悩みも傾聴しつつ解決に向けた協力関係を築き、保護者がわが子への理解を深め対応の仕方に気づく手がかりを示す（保護者への援助）。

② 教員に対する援助

　たとえば問題の生徒に対して担任がどのように支援するとよいのか、養護教諭など他の職員とどのような役割分担が可能かなど、生徒個々の背景を踏まえた支援方法を助言できる。また、たとえば校内で生徒指導関連の会議に出席した際「生徒個々の背景に即した理解」についてコメントしたり、「生徒のこころの問題」をテーマに教員向け研修の講師を務める、などの機会を通じ、臨床心理学的な視点を教員のより幅広い子ども理解に役立ててもらう。

③ 外部機関との連携

　たとえば医療的支援を要する生徒について、本人や保護者に病院紹介などの情報提供や助言を行い、学校と医療とのつなぎ役として学校生活での援助

の留意点を共有するなど、SC自身や教職員、さらに学外の専門機関がもつ知識やノウハウを活用できるような橋渡し役をとることもある。発達障害やネットいじめなど子どもの問題行動の多様化、虐待など緊急性を要する事例に応じる要請の高まりから、SCには地域の実情に合った教員や外部援助資源との協働が、学校にはSCの職務内容や連携体制の明確化が、今後さらに求められる。

3．教育センター等における教育相談

　都道府県・政令指定都市などには「教育センター」が設置され、地域の子ども・保護者・学校関係者からの相談業務が行われており、人口規模の小さな自治体では、教育委員会が教育相談室を設置している場合が多い。これらの相談機関では、一般に小学生から高校生を中心とした子どもの不登校やいじめ、友人関係や親子関係、学習・進路問題について、心理検査等によるアセスメントやカウンセリング・心理療法（遊戯療法など）を行う。保護者からの子育てや発達上の問題についての相談や助言、医療機関等への照会、教職員からの教育上の問題や特別支援教育に関する相談、さらに教員自身のメンタルヘルス等に関するカウンセリングにも応じる。相談担当者は臨床心理士や教職経験者などの専門性をもつ場合が多く、相談形態も、来談によるもののほか電話相談や電子メールによる相談を受け付けている機関、自治体によっては学校を通じた申し込みによる不登校児童への家庭訪問相談（アウトリーチ）を行う所もある。

4．適応指導教室

　適応指導教室は、不登校や不適応状態を経験している児童生徒を対象に、心理的サポートや学習支援を行う目的で、各教育委員会により運営されている。適応指導教室に通うことにより「出席」扱いとなるのが特徴である。単に原級復帰（再登校）や学習の遅れを取り戻すことのみを目指すのではなく、退職教員・臨床心理士・ボランティアなどのスタッフや教室に通う仲間とのうちとけた交流を通じて、子どもの「居場所」をつくり、人間関係のなかで

力を蓄え、個々の心理面・学習面での課題に取り組めるよう配慮されている。

3 ── 特別支援教育
── 障害を抱えた子どもへの教育的サポート

1．特別支援教育の成り立ち

　知的障害や自閉症、肢体不自由や身体虚弱、視覚・聴覚・言語の障害、情緒障害をもつ子どもへの「特殊教育」では、これまで特殊教育諸学校（盲学校・聾学校・養護学校）や小・中学校の特殊学級を中心に、医療と連携しつつ障害の種類・程度に応じて子どもの自立の可能性を高める働きかけ（療育）が行われてきた。その一方、通常学級にいながら学習・行動・認知上の困難がみられる子どもの相当数が、単なる「本人の努力不足」「親の育て方の悪さ」によるのではないことも次第に認められるようになってきた。これらを背景に、2007（平成19）年より、障害のある子どもの自立や社会参加への主体的取り組みを支援するという考え方のもと、子ども一人ひとりの教育的ニーズを把握し、生活や学習上の困難を改善・克服するための支援を、子どもが在籍するすべての学校において実施する「特別支援教育」が学校教育法のなかに位置づけられた。

2．特別支援教育の概要

　特別支援教育への移行により、特殊教育諸学校は複数の障害種を対象にできる「特別支援学校」に変更され、比較的障害の重い子どもを対象とした専門性の高い教育的支援を行い、小・中学校からの相談に応じて助言・援助を行う地域の特別支援教育に関するセンター的機能を担うこととなった。一方、小・中学校などの「特別支援学級」や発達障害をもつ子ども（以下「対象児」）の通常学級による指導では、卒業後も視野に入れつつ対象児一人ひとりの教育的ニーズに応じてつくられる長期的な「個別教育支援計画」、そして対象児の抱える困難に配慮しつつ個々の特性に応じてつくられる「個別指導計画」に基づいた指導が行われる。これらの計画や全校的な体制、具体的な支援方

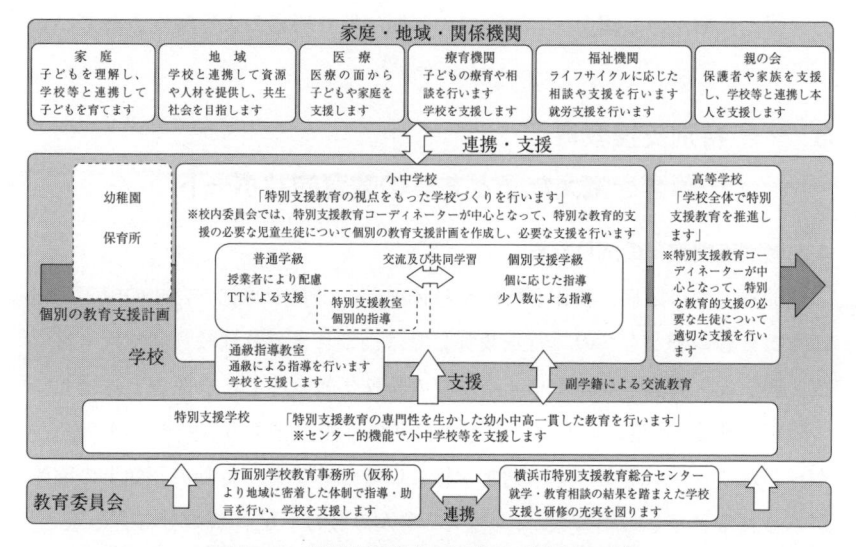

```
                    家庭・地域・関係機関
┌────────┬──────────┬────────┬──────────┬──────────┬──────────┐
│ 家庭    │  地域     │ 医療    │ 療育機関  │ 福祉機関  │ 親の会    │
│子どもを理解し、│学校と連携して資源│医療の面から│子どもの療育や相│ライフサイクルに応じた│保護者や家族を支援│
│学校等と連携して│や人材を提供し、共生│子どもや家庭を│談を行います│相談や支援を行います│し、学校等と連携し本│
│子どもを育てます│社会を目指します│支援します│学校を支援します│就労支援を行います│人を支援します│
└────────┴──────────┴────────┴──────────┴──────────┴──────────┘
```

図12-3　特別支援教育の連携図（横浜市の例）

出典：横浜市教育委員会「横浜市の特別支援教育の連携図」2009年
　　　http://www.city.yokohama.lg.jp/kyoiku/shogaijiky/kihon-shishin/07renkeizu.pdf

法は、各学校の「校内委員会」で検討され、各学校で「特別支援教育コーディネーター」の役割を担う教員が、教職員・養護教諭・SCなどとの協力体制づくりや保護者からの相談対応、福祉・医療・保健・労働（地域障害者職業センターなど）の関係専門機関との連絡調整、授業計画作りの支援などに携わる。さらに教育委員会が配置する「特別支援教育支援員」は、担任と連携して対象児の学校生活内での介助や学習支援、学習活動中の安全確保などの補助的役割を担う。

　参考に、横浜市における支援システムを例に挙げておく（図12-3）。

3．特別支援教育における今後の課題

　特別支援教育の開始後も、中教審に置かれた特別委員会において今後のあり方が検討されてきた。そして、①共生社会の形成に向けたインクルーシブ教育システム（障害のある者・ない者が共に学ぶ仕組み）の構築、②対象児の教育的ニーズに応じた支援の保障や早期からの教育相談・支援および就学

先決定の仕組みの確立、③対象児が十分に教育を受けられるための基礎的環境整備、④各専門家の活用や関係機関との連携、また通常学級・通級指導・特別支援学級・特別支援学校間の交流による多様な学びの場の整備、そして⑤教職員の専門性の確保や研修等のあり方、に関する今後の指針が、2012（平成24）年7月に報告されている[6]。

3
●福祉領域のサポート源●

1 ── 福祉領域における子ども臨床の場

　福祉領域における子ども臨床の現場では、子どもの心理的な問題のみならず、貧困などの生活苦や安心して暮らせないほどもつれた家族・人間関係、身体・知的・精神の障害など、その人が可能な限り幸福な社会生活を営んでいくうえでの困難を多面的に理解し、問題解決を支援することが求められる（表12-5）。

表12-5　福祉関連領域の心理臨床

機　関	業務の内容
児童相談所	18歳未満児童のあらゆる相談や判定
児童家庭支援センター	子ども家庭に関する相談への助言指導・連絡調整
児童福祉施設・法定外施設	児童の保護・育成・療育や保護者の指導
児童発達支援センター	障害児に対する支援の提供
子育て支援センター	子育て等に関する相談・援助の実施
児童家庭相談室	福祉事務所内での相談室での相談
市町村の児童相談担当課	18歳未満児童のあらゆる相談
身体障害者更生相談所	身体障害者のためのあらゆる相談・判定
知的障害者更生相談所	知的障害者のためのあらゆる相談・判定
身体障害者更生援護施設	身体障害者に関する必要な指導・訓練など
知的障害者援護施設	知的障害者に関する必要な指導・訓練など
高齢者福祉施設・相談センターなど	高齢者に関する相談や福祉的ケアなど

出典：川畑隆「福祉領域」『よくわかる臨床心理学』ミネルヴァ書房　2003年　p.258を一部改変

次の項からは、保育所以外の児童福祉領域における子ども臨床の場について取りあげる。

2 ── 児童相談所・児童家庭支援センター

1．児童相談所

児童相談所（以下、児相）は都道府県・指定都市などに設置され、市町村と連携しつつ子どもに関する家庭などからの相談に応じ、子どもの問題や状況を的確にとらえつつ、個々の子ども・家庭への相談援助活動を行う。基本的機能は表12-6の通りである。虐待対応をはじめとした担当事例の増加や役割の拡大から、他の機関・団体との機能分担が課題となっている。

表12-6　児童相談所の機能

機　能	内　容
①市町村援助機能	連絡調整や情報提供など、市町村が相談業務を進めるうえで必要な援助・助言を行う。
②相談機能	専門性を要する相談について、家庭・地域状況・生活歴や発達・性格・行動など専門的な角度から総合的に診断した結果に基づいて援助指針を定め、一貫した子どもの援助を行う。
③一時保護機能	緊急保護を要する場合（棄児など）／子どもを家庭から一時引き離す必要がある場合（虐待・ネグレクトなど）／子どもの行動が自他の生命・財産を損なうおそれがある場合のほか、適切な援助指針を定める際の行動観察や短期間の心理療法・生活指導が有効と考えられる場合の短期入所指導のため、2ヶ月を超えない範囲で保護する。
④措置機能	児童福祉司等による子どもや保護者への指導、児童福祉施設への入所や医療機関または里親への委託、児童自立生活援助（義務教育終了後の子どもが社会的に自立するための仕事・日常生活上の相談などの援助）の決定のほか、触法・ぐ犯少年を審判に付する際の家庭裁判所への送致、などの措置を行う機能。

2．児童家庭支援センター

児童家庭支援センターは、それまで児相が担ってきた役割を補うものとされる。職員にソーシャルワークおよび心理療法を行う者が配置され、夜間や

表12-7 児童家庭支援センターの機能

①地域の子どもに関する家庭からの専門性を要する相談への対応
②市町村への技術的助言などの援助
③児相から受託した措置により行う要保護児童や保護者への指導
④里親やファミリーホームからの相談に応じるなどの支援
⑤児相・児童福祉施設など行政・福祉・保健・教育等の関係機関や地域との連絡調整

休日にも電話相談などに応じる。一般的な子育て相談を市町村や各種の子育て拠点事業に託す一方、児童家庭支援センターでは、施設入所までには至らないが専門的支援を要する事例への対応や施設退所後の家族再統合への支援、里親支援機関としての役割など、施設と家庭の間をつなぐ支援の充実が期待されている（表12-7）。

3 ── 社会的養護施設

かつて社会的養護といえば親に育てられない子どもを公的に保護する意味合いが強かったが、現在では、虐待で心に傷をもつ子どもや障害のある子ども、DV被害の母子への支援へと力点が変化している。以下の施設は社会的養護の地域拠点として、家庭に戻った子どもへの継続的支援、里親支援、自立支援や自立後支援、地域の子育て家庭への支援など、専門的な地域支援の機能を強化する役割が求められている。

1．児童養護施設

満2歳～18歳までの保護者のない児童、虐待されている児童を養護する。児童養護施設は家庭に代わる機能だけでなく、基本的生活習慣や経済観念などを身につける教育的機能、子どもと保護者の関係調整や家庭の養育機能を高める援助機能も期待されている。

2．乳児院

　要保護児童のうち０歳～２歳までの乳児を養育する。乳幼児の生命を守り健全な発達を促すための養育を行うほか、被虐待児や障害児等に対応できる専門的養育、早期の家庭復帰を視野に入れた保護者支援、児相からの委託による一時保護、そして育児相談やショートステイなどの子育て支援も求められている。

3．情緒障害児短期治療施設（児童心理治療施設）

　短期間の入所・通所により、軽度の情緒障害をもつ児童を治療する。心理的・精神的問題から日常生活に支障をきたしている子どもへの心理治療を中心に、施設内分級など学校教育と連携しつつ総合的治療・支援を行い、家庭復帰や里親・児童養護施設での養育につなぐ役割をもつ。

4．児童自立支援施設

　不良行為を行う（おそれのある）児童などを入所・通所させ、個々の状況に応じた指導により自立を支援する。職員夫婦家族が小舎に住みこみ、家庭的生活のなかで継続性のある支援を行う「小舎夫婦制」があるのも特徴で、「枠のある生活」を基盤に子どもの育ちなおしや立ちなおり、社会的自立への支援を行う。

5．母子生活支援施設

　配偶者のない女子とその子どもを入所により保護して、母子の自立促進のために生活を支援する。近年は、DV被害者や被虐待児童の入所の割合が増える傾向にある。母子が一緒に生活しつつ、共に支援を受けることができる唯一の児童福祉施設という特性を活かした支援機能の充実が求められている。

4 ── 発達支援・子育て支援

1．児童発達支援センター

「児童発達支援センター」は障害児支援を目的とする通所施設で、日常生活における基本的動作や自活に必要な知識技能を身につけ、集団生活へ適応するための訓練を行う福祉型と、訓練および治療を行う医療型の2種類がある。今後は保育所等への訪問支援や障害児相談支援の機能が加わり、施設の専門機能を生かした地域の障害児や家族への相談、障害児を預かる施設への援助・助言など、地域の中核的な療育支援施設となっていく見込みである。

2．子育て支援センター

核家族化・少子化による子育ての孤立化や親の不安、子どもが多様な人とかかわる機会の減少など、子育ての困難が増している状況に対し、子育て中の親子が相互交流や子育ての不安・悩みを相談できる場を提供する目的で、厚生労働省による「地域子育て支援拠点事業」が策定されている。「子育て支援センター」はその拠点（一般型・連携型・地域機能強化型）の一種として、市町村またはその委託により設置され、地域の子育て支援情報の収集・提供、子育て全般に関する専門的な支援を行う拠点として支援活動を展開している（表12-8）。

表12-8　子育て支援センターの主な機能

①子育て親子の交流の場の提供と交流の促進
②子育て等に関する相談・援助
③地域の子育て関連情報の提供
④子育ておよびその支援に関する講習等の実施
⑤地域の身近な立場から情報の集約・提供を行う「利用者支援」とともに、親子の育ちを支援する世代間交流や訪問支援、地域ボランティアとの協働などを行う「地域支援」を実施

4
保健・医療領域のサポート源

1 ── 保健・医療領域の相談・治療機関

1．保健所・保健センター

　都道府県・指定都市などに設置される保健所、市町村に設置される保健センターは、管轄内のすべての地域住民の健康保持を目的として、保健師を中心に多様な業務を行っている。特に母子保健の分野では、乳幼児健康診査（1歳6か月・3歳児健診）や健診後の相談、妊娠中の両親学級や新生児家庭訪問、育児相談・育児教室、離乳食相談・栄養相談・食育教室、発達相談や言語指導にかかわる支援、虐待防止に向けた研修や啓発活動、小児救急に関する相談などの役割を担っている。また精神保健の分野では、地域住民を対象とした心の健康相談や家庭訪問、患者家族会や当事者グループの育成、デイケアなどが行われている。

2．精神保健福祉センター

　都道府県および指定都市に設置される精神保健福祉センターには、医師・精神保健福祉士・臨床心理士・保健師・看護師・作業療法士などの専門性を備えた職員が配置されており、保健所などに対して精神保健福祉に関する専門的技術や啓発活動の指導・援助を行う。また、心の健康相談や精神科受診に関する医療相談、精神障害者の社会復帰相談をはじめ、アルコール・薬物・思春期・認知症などの特定相談を含めた精神保健福祉全般について、特に複雑な事例の相談活動を行うなど、地域の精神保健福祉の中核的機能を担っている。

3. 病院・診療所

　子どもの精神的疾患や発達障害の治療に対応する医療機関の専門科として、小児神経科・児童精神科などが挙げられる。小児神経専門医は、運動やけいれん・知能・感覚・行動・言葉の障害など、脳・神経・筋に何らかの異常がある子どもの診断・治療・指導を行うもので、乳幼児健診で何らかの発達上の問題が疑われる場合は、小児神経科に紹介され精密検査が行われる。また児童精神科医は、子どもの発達障害・精神障害・行動障害を対象とした診断・治療を行う。数は少ないが、児童精神科専門の外来・入院治療を行う病院等もある。

2 ── 事例：コミュニティケアの実際

　地域精神保健の機能を3階層のモデルで考える時、「日常生活水準の支援」（レベルⅠ）と「精神医学的支援」（レベルⅢ）の間で、日常の悩みの相談の延長にありながら、専門的な精神科医医療が必要かどうかを判断してタイムリーに医療につなげられる「専門性の高い心理・社会・教育的支援」（レベルⅡ）が機能すれば、発病や疾患の進行・再発、ほかの要因が重なり状態が複雑化することの予防を図ることができる（図12-4）。次頁では、人口86万人の小規模県で展開されている発達障害の早期発見・療育システムの事例を紹介する。

事例2：小規模自治体型の発達障害コミュニティケア・システム
―山梨だってできるシステム[7]

　いまだ精神科医療機関の敷居は高く、それがしばしば、必要な精神科医療の開始や治療の継続をはばみ、得られるはずの治療効果を得られない要因となる。一方、日常生活で人々の抱える悩みのすべてが専門的治療を要するわけでもなく、身近な人に少し話して気持ちが整理され、悩みが軽くなることは多い。問題は、その人の抱えるものが日常レベルで解決できるものか、専門的な精神科医療を要するのか、判断が難しい場合である。

　発達障害の子どもたちへの支援は、原則として市町村で早期発見し、地域の保育所・幼稚園から学校へと引き継がれる。しかし、小規模の自治体では市町村単独での専門医や支援スタッフの確保は難しい。そこで県の公的機関に専門性の高い支援スタッフを集約し、それに支えられる形で市町村が支援を行うという構図が考えられた（図12-5）。

　山梨県立こころの発達総合支援センター（「ここセン」）は発達障害者支援センターに精神科診療所機能が付加された施設で、臨床心理士・ソーシャルワーカー・保健師・精神保健福祉士・作業療法士からなる15名の相談支援担当スタッフと、2名の常勤精神科医師で構成されている。相談支援担当は主に発達に関する相談を行うが、児童相談所や教育委員会と連携しながら子どもの精神保健活動全般に携わる。さらに、精神科医療の要否を検討し、必要に応じて精神科医療機関へとつなげていく役割をもつ（レベルⅡ）。一方山梨県では、県内唯一の児童精神科専門医療機関である「ここセン」診療部門（外来）と県立北病院（外来・児童思春期病棟・思春期ショートケアがある）が拠点病院となっている。「ここセン」診療部門は自ら精神医学的支援を担う（レベルⅢ）とともに、北病院との連携や地域の一般小児科・精神科の医療機関への児童精神医学の啓発やスーパービジョンを行う。

　「ここセン」では、開設初年度（2011年）より、モデル市町村で乳幼児健診の問診票の検討や事例検討を行い、より効果的な発見と介入の方法について検討している。並行して、発達障害の幼児の発達と集団参加の状況を評価

し支援計画を策定することと、同じ悩みをもつ親のグループを形成することを目的とした療育プログラムを始めている。さらに、対象児が通所する保育所・幼稚園の担当者、市町村の保健師にプログラムを見学してもらい、技術支援やコンサルテーションを行うことも検討されている（レベルⅠとレベルⅡ・Ⅲとの連携）。

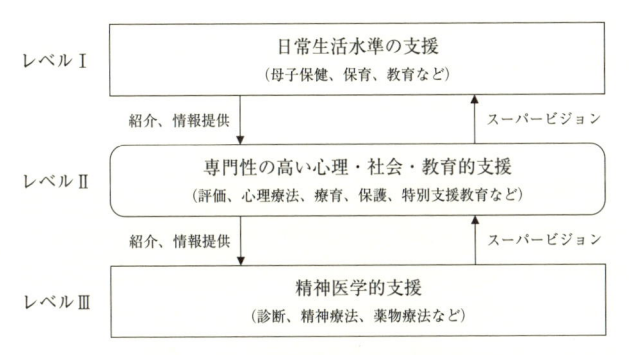

```
レベルⅠ    ┌─────────────────────────────┐
           │      日常生活水準の支援           │
           │   （母子保健、保育、教育など）      │
           └─────────────────────────────┘
              ↓ 紹介、情報提供      ↑ スーパービジョン
レベルⅡ    ┌─────────────────────────────┐
           │   専門性の高い心理・社会・教育的支援  │
           │ （評価、心理療法、療育、保護、特別支援教育など）│
           └─────────────────────────────┘
              ↓ 紹介、情報提供      ↑ スーパービジョン
レベルⅢ    ┌─────────────────────────────┐
           │         精神医学的支援            │
           │   （診断、精神療法、薬物療法など）    │
           └─────────────────────────────┘
```

図12-4　地域精神保健の3階層モデル

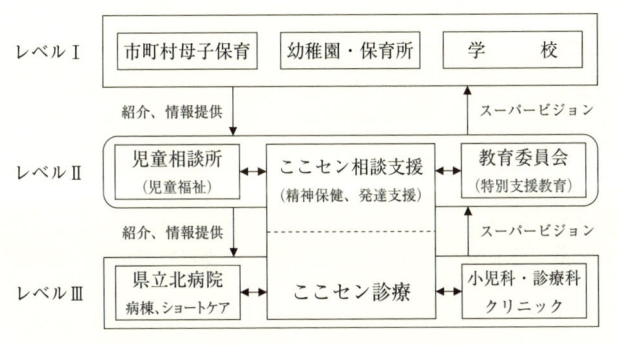

```
レベルⅠ   │市町村母子保育│ │幼稚園・保育所│ │  学  校  │
              ↓ 紹介、情報提供               ↑ スーパービジョン
レベルⅡ   │児童相談所 │←→│ここセン相談支援│←→│教育委員会│
           │（児童福祉）│   │（精神保健、発達支援）│  │（特別支援教育）│
              ↓ 紹介、情報提供               ↑ スーパービジョン
レベルⅢ   │県立北病院 │←→│ここセン診療 │←→│小児科・診療科│
           │病棟、ショートケア│              │クリニック│
```

図12-5　山梨県の子どもの精神保健システム

出典：図12-4、図12-5ともに本田（2012）をもとに筆者作成

【引用文献】

1）野本茂夫「保育現場を支援するには」『地域における保育臨床相談のあり方―協働的な保育支援をめざして』ミネルヴァ書房　2011年　pp.100-107
2）厚生労働省『保育所保育指針解説書』2008年
　　http://www.mhlw.go.jp/bunya/kodomo/hoiku04/pdf/hoiku04b_0001.pdf
3）秋田喜代美「保育者の専門性と相談活動」『子どもの理解と保育・教育相談』みらい　2008年　p.100
4）前掲書　pp.102-103
5）文部科学省『生徒指導提要』2010年　pp.127-128
6）特別支援教育の在り方に関する特別委員会「共生社会の形成に向けたインクルーシブ教育システム構築のための特別支援教育の推進（報告）」　2012年　http: //www. mext. go. jp/b_menu/shingi/chukyo/chukyo3/044/attach/1321669.htm
7）本田秀夫「発達障害の早期発見・早期療育システム―地域によらない基本原理と地域特異性への配慮」『そだちの科学』通巻18号　2012年　pp.2-8をもとに筆者作成

【参考文献】

麻生武・浜田寿美男編『よくわかる臨床発達心理学　第2版』ミネルヴァ書房　2006年
一般社団法人日本保育学会保育臨床相談システム検討委員会編『地域における保育臨床相談のあり方―協働的な保育支援をめざして』ミネルヴァ書房　2011年
冨田久枝編著『保育カウンセリングの原理』ナカニシヤ出版　2009年

第13章 子ども臨床と専門性

1 保育者に求められる専門性の多様化

　これまで学んできたように、保育者に求められる役割は社会状況の変化に伴い「子どもの保育」という枠組みを超えて、発達上の問題を抱える子どものアセスメントならびに発達支援、家庭や地域における子育ての相談支援にまで広がっている。ここでは、「子ども臨床」あるいは「カウンセリング」の専門性を保育者として広く生かしていくにあたって、このような多様な支援が保育者に求められるようになった背景について考えてみよう。

1 ── 保育開始の低年齢化とインクルージョンの進展

　近年保育の現場では「気になる子ども」という表現で、何らかの医学的診断を受けているわけではないが、同年齢の子どもたちのなかでみると全体的な発達の遅れや、社会性の未熟さが目立つ子どもたちへの対応の難しさが頻繁に取り上げられるようになった。こういった問題は、環境の変化への不適応や、発達途上の一時的な現象として解消されていく場合もあるが、知的障害や自閉症などの発達障害の症状が明らかになり、徐々に定型的な発達を示す子どもとの差がはっきりしてくる場合もある。保育現場における「気になる子ども」の増加の要因の1つとして、集団保育への参加開始が低年齢化したことも背景にあると考えられる。

　図13-1は、幼稚園に就園している子どもの年齢別就園率の推移である。

図13-1　幼稚園就園率の推移

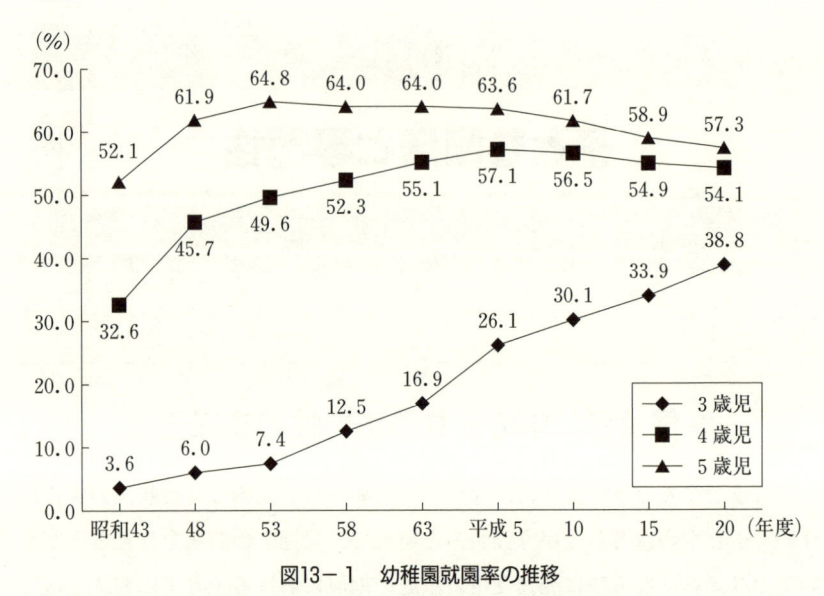

（数値は就園者数÷その年齢の子どもの数×100）
出典：文部科学省『平成20年度文部科学白書』「第2部　文部・科学技術施策の動向と展開　第2章　幼児期にふさわしい教育　第7節幼児教育の現状」
http://www.mext.go.jp/b_menu/hakusho/html/hpaa200901/detail/1283526.htm

　5歳児の就園率が60％を超えた1973（昭和48）年でも3歳児の就園率は6％に過ぎなかったが、2008（平成20）年では40％近い3歳児が幼稚園に就園している。一方で保育所における3歳未満児の利用率の上昇も著しい。
　かつて、未就学児の教育の場として幼稚園の1年保育や2年保育が一般的だった頃には、排泄の自立や、言語によるコミュニケーション、着席ができるようになっていること等は集団参加の最低限の条件と考えられていた。しかし、3年保育で幼稚園に入園する場合、多くの園で入園申し込みは前年の11月なので、その時点で半数近くの子どもはまだ2歳代か3歳になったばかりである。そうすると、言葉でのコミュニケーションが難しいことや、落ち着きがないこと、オムツがとれていないことなどは入園許可の条件として問題にされないことが多い。保育所に0歳から1歳で入園する子どもについては、身体的障害がある場合や障害の程度が重い場合を除いて、入園前にその

問題を明らかにし、診断をつけることはさらに難しい。

　以上のような理由から、結果的に保育所や幼稚園といった保育の場に、発達上の問題を抱える子どもたちがそれとは気がつかれないままに受け入れられ、障害の有無を問わずに一緒の保育が開始され、インクルージョンが進められることになっているというのが現状である。このようにして従来、定型的な発達を示す子どもたちを対象にした集団保育を基本として行ってきた保育所や幼稚園において、近年ではさまざまな発達上の課題を抱える子どもがいることが当たり前になりつつある。保育者は特別な支援を必要とする子どもたちがいることを前提に発達のアセスメントや保護者への相談支援、専門機関との連携、子どもの障害特性に合わせた発達支援等を行うことが求められるようになってきている。

2 ── 少子化と子育て支援

　第2章、第3章で取り上げられたように、「少子化」が日本社会の大きな問題としてクローズアップされたのは1990（平成2）年である。この年に発表された前年度（1989年）の人口動態統計における合計特殊出生率が、特異的に出生率が低い丙午の年（1966年）を下回る1.57を示したことから、「1.57ショック」と呼ばれ、政財界を中心に高齢者扶養の負担増大や社会の活力低下等、今後の日本社会にさまざまな不安材料をもたらす大きな問題として取り上げられた（p.30参照）。

　そしてこの発表を契機として次々に出された少子化対策、子育て支援事業の要として保育所はさまざまな役割を担うことになっていく。まず保育時間の延長や一時保育の実施等、既存の保育サービスの弾力化、多様化が行われた。さらに保育所に地域の子育て支援の中心的な機能を受けもつことが求められるようになり、1999（同11）年の『保育所保育指針』の第二次改訂を境に保育士の職務には地域の子育て家庭に対する相談・助言等の支援が加わり、支援の対象には子どものみでなく「保護者」が含まれることになる。また、1998（同10）年の『幼稚園教育要領』第三次改訂にあたって、幼児教育に関

する相談に応じるなど「地域における幼児期の教育のセンターとしての役割を果たすように努めること」という努力義務が課されており、2007（同19）年に改正された学校教育法第24条にも幼稚園の役割に関して「幼児期の教育に関する各般の問題につき、保護者及び地域住民その他の関係者からの相談に応じ、必要な情報の提供及び助言を行うなど、家庭及び地域における幼児期の教育の支援に努めるものとする」と明記されている。このように保育所はもとより、幼稚園に対しても従来の子どもを対象とした保育に加え、家庭や地域における子育てを積極的に支援していくことが求められている。保育に関する専門的知識と多数の子どもの保育経験をもつ保育者が、子育てに悩む保護者への助言を行うことは適任と思われるが、「相談」あるいは「助言」を効果的に行うには、新たな専門性の獲得が不可欠である。

　保護者は「親」以外にもさまざまな顔をもち、千差万別の事情を抱えている。たとえば、近年注目を集めている「子ども虐待」の問題に対応するにあたっても、当事者の行動を責めるだけでは解決に結びつかない。まずは子どもの生命の安全を最優先に考えながら、虐待の根底にある保護者の事情を理解し、さまざまな支援機関と連携して対応を考えていく必要があり、カウンセリングやコンサルテーションに加え、ソーシャルワークのスキルも求められる。

2 保育者の倫理と社会的責任

　本書は一貫して子ども臨床という視点から支援の専門家としての保育者が身につけておくべき子ども理解やカウンセリングの理論、技法について述べてきた。保育者には臨床心理士やソーシャルワーカーあるいはさまざまな療育の場で子ども臨床を行う専門職とは異なる立場から子どもを支援していくことが求められており、それこそが「保育者」の専門性であり、独自性でもある。ここでは「幼稚園教諭」、「保育士」の専門性、さらには倫理と社会的責任について確認しておこう。

第13章　子ども臨床と専門性　229

1 ── 国家資格としての幼稚園教諭、保育士

　幼稚園教諭と保育士は、保育者として乳幼児期の保育を専門的に実施する職業であり、その業務ならびに資格についてはそれぞれ法律に定められている。

　まず、幼稚園教諭については「学校教育法」にその職務について「幼児の保育をつかさどる」と記載され、資格取得の要件は「教育職員免許法」に規定されている。

　一方、保育士に関しては、この資格が1948（昭和23）年につくられて以来長期にわたり児童福祉法施行令に定められた任用資格[*1]とされ、同施行令第13条に「児童福祉施設において、児童の保育に従事する者を保育士といい」という規定があるのみで法的規制の枠外に置かれていた。しかし、2001（平成13）年、地域の子育て支援の中核を担う専門職として保育士への期待が高まっていることなどに対応するため児童福祉法が改正され、保育士資格が国家資格化された。この改正によって、保育士の定義・資格取得方法・名称独占[*2]・守秘義務・その他が規定され、保育士登録証が交付されることになった。

　保育士の定義をまとめると「都道府県知事の登録を受け、保育士の名称を用いて、専門的知識及び技術をもって、児童の保育及び児童の保護者に対する保育に関する指導を行うことを職とする者（児童福祉法第18条の4参照）」となり、児童福祉施設に勤務しているか否かに関係なく資格取得者は「保育士」を名乗れるが、それ以外の人は「保育士」の名称や類似した紛らわしい名称を名乗ることは禁止されたのである。

　「幼稚園教諭」や「保育士」が専門性をもった国家資格取得者として認められていることは、そこに倫理と社会的責任が伴うということにほかならない。

　　＊1　任用資格：特定の職業や職位に任用されるための資格のことであり、当該の職務に任用・任命されて初めて効力を発揮する資格である。
　　＊2　名称独占：資格取得者以外の者が当該資格の呼称およびそれに類似したり紛らわしい呼称の利用をすることが法的に禁止されること。

2 ── 保育者の倫理

　児童福祉法に記載された下記の内容は、専門職としての保育士に求められる倫理と社会的責任について触れた部分である。

> ・児童福祉法（抜粋）
> 　第18条の21　保育士は、保育士の信用を傷つけるような行為をしてはならない。
> 　第18条の22　保育士は、正当な理由がなく、その業務に関して知り得た人の秘密を漏らしてはならない。保育士でなくなつた後においても、同様とする。

　さらに、日本における保育士の職能団体である全国保育士会は、2003（平成15）年に「全国保育士会倫理綱領」（p.232掲載）を採択した。「倫理綱領」を有していることは、専門職の要件の1つとも言われ（秋山,2007）、保育士の対人援助職としての専門性が確立されつつあることの証明とも言える。この倫理綱領が、子ども臨床やカウンセリングのなかでどのように生かされるべきかについて考えてみよう。

> **事例1：「誰にも言わないで」**
>
> 　N保育士が最近気になっているのは担当している4歳児クラスのAくんが非常に不安定になっていることであった。イライラして友だちの遊びを邪魔したり暴言を吐いたりする一方で、保育士にまとわりついてベタベタと甘え、着替えを手伝ってもらいたがったり、ちょっとしたことで「ぼくできない！できない！」と泣き出したり、行動全体が退行している様子がみうけられる。
> 　乱暴な行動は徐々にエスカレートし、木製の大型積み木を振り上げるに至っては、周りの子どもたちへの危険が大きいため保育士がきつい口調で「Aちゃん！だめ！」と叫んで抑えようと近寄った。するとAくんは積み木を投げ捨て、保育士から身を守ろうとするように手のひらを頭の上にかざして「もうしない！やめて！やめて！」とうずくまって震えだした。あまりのおびえた様子に違和感を覚え、迎えに来た母親に「少しお話しできますか？」と声

をかけた。母親は硬い表情になって「Aが何かしましたか？」と答え、N保育士が「何かしたというより、今までのAちゃんに比べて少し落ち着かないなと思うことがあって、お家ではどんな様子かと思いまして」と話した。

　母親は少し表情を和らげて「実は家でも困ってるんですよ」と話し始めた。そして夫がケガをして休職中であること、家に居ることが多くなったため、子どもが騒いだり、散らかしたりするとイライラして怒るのでなるべくおとなしくするようにAくんにも言うがAくんはなかなか言うことを聞かないといったことが語られた。さらに「誰にも言わないでほしい」と付け加えながら「言うことを聞かないからお父さんがAをたたくんです。お父さんも酔ってかっとなると見境つかなくなって、蹴り続けたりすることもあって私も見てて恐くなることがあるんです」と話が続いた。

　このような事例で「誰にも言わないでほしい」という前置きの後に話された相談内容をどのように扱ったらよいのだろうか。保育士は「その業務に関して知り得た人の秘密を漏らしてはならない」し、「一人ひとりのプライバシーを保護するため、保育を通して知り得た個人の情報や秘密を守る」ことは保育士会倫理綱領にも明記されている。しかし、一方で「一人ひとりの子どもの最善の利益を第一に考え」「保育を通して、一人ひとりの子どもが心身ともに健康、安全で情緒の安定した生活ができる環境を用意し、生きる喜びと力を育むことを基本として、その健やかな育ちを支える」ことは、何よりも優先されるべき保育士の責務である。

　この後、N保育士はAの母親に「お母さん、Aちゃんのことを考えるとこの話は私1人で聞いておくべきじゃないと思うんです。お母さんは私を信頼してお話ししてくれたと思うので、信頼に応えたいと思っています。だからこそ園長先生や主任先生にも相談してAちゃんにとっていい方法を考えてみませんか」と伝えた。母親は一瞬「えっ」という表情をしたが「そうですか。話してもいいですけど、でもたいしたことじゃないんで、あんまりことを大きくしないでくださいね」と言いながらその日は帰っていった。この後N保育士は主任、園長を交えて今後早急にとるべき対応について話し合った。

全国保育士会倫理綱領

　すべての子どもは、豊かな愛情のなかで心身ともに健やかに育てられ、自ら伸びていく無限の可能性を持っています。
　私たちは、子どもが現在（いま）を幸せに生活し、未来（あす）を生きる力を育てる保育の仕事に誇りと責任をもって、自らの人間性と専門性の向上に努め、一人ひとりの子どもを心から尊重し、次のことを行います。

　　　私たちは、子どもの育ちを支えます。
　　　私たちは、保護者の子育てを支えます。
　　　私たちは、子どもと子育てにやさしい社会をつくります。

（子どもの最善の利益の尊重）
1．私たちは、一人ひとりの子どもの最善の利益を第一に考え、保育を通してその福祉を積極的に増進するよう努めます。

（子どもの発達保障）
2．私たちは、養護と教育が一体となった保育を通して、一人ひとりの子どもが心身ともに健康、安全で情緒の安定した生活ができる環境を用意し、生きる喜びと力を育むことを基本として、その健やかな育ちを支えます。

（保護者との協力）
3．私たちは、子どもと保護者のおかれた状況や意向を受けとめ、保護者とより良い協力関係を築きながら、子どもの育ちや子育てを支えます。

（プライバシーの保護）
4．私たちは、一人ひとりのプライバシーを保護するため、保育を通して知り得た個人の情報や秘密を守ります。

（チームワークと自己評価）
5．私たちは、職場におけるチームワークや、関係する他の専門機関との連携を大切にします。
　また、自らの行う保育について、常に子どもの視点に立って自己評価を行い、保育の質の向上を図ります。

（利用者の代弁）
6．私たちは、日々の保育や子育て支援の活動を通して子どものニーズを受けとめ、子どもの立場に立ってそれを代弁します。
　また、子育てをしているすべての保護者のニーズを受けとめ、それを代弁していくことも重要な役割と考え、行動します。

（地域の子育て支援）
7．私たちは、地域の人々や関係機関とともに子育てを支援し、そのネットワークにより、地域で子どもを育てる環境づくりに努めます。

（専門職としての責務）
8．私たちは、研修や自己研鑽を通して、常に自らの人間性と専門性の向上に努め、専門職としての責務を果たします。

　　　　　　　　　　　　　　　　　社会福祉法人　全国社会福祉協議会
　　　　　　　　　　　　　　　　　　　　　　　　全国保育協議会
　　　　　　　　　　　　　　　　　　　　　　　　全国保育士会

出典：全国保育士会倫理綱領　http://www.zenhokyo.gr.jp/hoikusi/rinri.htm

この事例のように子どもの最善の利益を常に念頭に置きながら、さまざまな倫理的配慮を行うことは簡単なことではない。保育者の役割が子どもの保育に留まらず、家庭や地域への相談支援にまで広がっていく時、保育者は自分自身の倫理観、人間観を問われる社会的責任を背負うことになる。

3
●保育者としての成長●

1── 保育者のライフステージ

　多くの専門職は、それぞれの領域で経験と研鑽を積み重ねることによって専門家として成長していくと考えられている。保育者は、働く場が公立か私立か、幼稚園か保育所か児童福祉施設か、継続して勤務してきたか、中断後の再就職かといったように就業形態に幅があり、一概に専門職としての発達過程を論じることが困難な状況だった。しかし今日では結婚や出産といったライフイベントを乗り越えながら仕事を継続し、専門性を向上させている保育者が増加しつつある。継続的な経験を重ねた保育者の発達段階については新任の段階から、保育全体に影響力をもつベテランの段階まで、5つのライフステージモデルが示されている（秋田, 2000）[2]。子ども臨床という観点からそれぞれのステージの保育者についてみてみよう。

①実習生・新任の段階

　保育の場に参加しながら学ぶ段階。子どもの行為を「かわいい」とか「かわいそう」といった情緒的反応でとらえることが多く、発達的観点から行為の意味やつながりを読み取ることが難しい。子どもへの直接的援助や世話といったかかわりが多く、子どもたちとの信頼関係をつくることで精いっぱいの時期でもある。上司や先輩からの助言をすべてそのまま受け入れ実行しようとする。

②初任の段階

　保育者として責任をもって子どもの保育に携わる段階。理論や学習をもとに子どもへの影響を考えながら環境設定や働きかけの工夫を行うようになる。一方で、子どもの行動に過剰に注目して意味づけを試みたり、援助が必要な子どもや保護者に際限なく時間と労力を提供するという自己犠牲を払ったりをしがちな時期でもある。上司や先輩からの期待に応えたいという思いと、十分に期待に応えるだけの技量を持ち合わせていない自分との間で悩む。

③洗練された段階

　保育の専門家として自信と落ち着きを見せてくる段階。現実をよく見ることを判断の基礎とし、子どもの状況や反応に合わせて環境設定や働きかけを柔軟に変えた対応が可能になる。保育の質に関心を払うようになり、その場での子どもの反応だけでなく子ども同士の関係性や、時間的な連続性のなかで子どもの発達や変化をとらえるようになる。支援の必要な子どもや保護者からの相談に対してコンサルテーションやカンファレンスの機会を生かして対応を行うことが可能になる。

④複雑な経験に対処できる段階

　より複雑な問題や状況に対処できる段階。子どもへの直接的な実践や臨床的側面で熟達していく方向と、園経営や若手保育者の教育など間接的文脈に携わる方向のいずれかあるいはその両方にかかわる。子どもの個性や発達を統合的に理解し、自分らしい保育を行うことができるようになる。保護者や専門機関との連携を行い、複雑な問題への自律的な対応が可能になる。

⑤影響力のある段階

　実践者としてだけでなく、保育現場全体、あるいは地域社会においても影響力を発揮し、責任を負う段階。次世代の保育者を育てる役割も担う。

　それぞれのステージにおいて乗り越えるべき課題があり、その課題を克服することで保育者としての成長ややりがいの実感が得られる。次項で取り上げるコンサルテーションやカンファレンスの活用は直面する問題の解決に資するのみならず、保育者の臨床的視点を育て、次のステージへの成長を促す

きっかけにもなり得る。

2 ── コンサルテーションとケースカンファレンス

　コンサルテーションとはコンサルティ（相談する側）が、専門性の異なるコンサルタント（相談される側）に、自分が担当する事例について相談し、コンサルタントが、その専門性に沿った情報提供や助言を行うことである。保育者が担当する子どもの発達について臨床心理士から情報提供を受け、保育場面での対応に生かすというような例が挙げられる。

　ほかの専門家と連携し、コンサルテーションを活用することによって保育者はより多くの情報を得ることが可能になり、子どもや保護者の多面的なアセスメントを行えるようになる。また、自分自身の対応について客観的に振り返り、場合によっては軌道修正や方向転換を行うことが可能になる。

　一方、ケースカンファレンスは事例検討とも呼ばれ、担当者が発表した事例について同僚や先輩の保育者、時には他職種の専門家を交えて意見を交換する。子どもの状態や課題、保育場面での問題点を明らかにし、適切な支援が行われているかどうかを振り返り、今後の対応について協議する会議である。場合によっては支援方法や支援体制、指導計画の見直しを行う。カンファレンスのなかでコンサルテーションが行われることもある。

　園全体での問題の共有が可能になるほか、保育者が陥りやすい状況や困難について、同様の悩みをもつ同僚や乗り越えてきた先輩からの意見は初任の保育者にとっても受け入れやすい。また、初任者にはわかりにくいほかの専門職からのコンサルテーションの内容や妥当性についても先輩保育者が説明を加えることで理解しやすくなる。しかし、日頃から保育について率直に話し合える関係や事例の要点を要領よくまとめる習慣がつくられていないと、カンファレンスの場が単なる事例報告会や初任者の指導の場になってしまいがちである。

　コンサルテーションやケースカンファレンスをほかの専門職や先輩から一方的に指導を受ける場にするのではなく、保育の専門家として情報を咀嚼（そしゃく）し、

活用することによって保育者による子ども臨床はより有意義な支援につなげられるはずである。

4
●ストレスとつきあう●

1 ── 子ども臨床に伴うストレス

　専門性を発達させていく過程で保育者はさまざまな葛藤を経験する。保育技術の未熟さや保育経験の不足に起因する葛藤は経験の積み重ねによって克服できる場合が多いが、発達や家庭環境にさまざまな問題を抱えた子どもへの臨床的支援に伴う保育者のストレスについてはこれまであまり取り上げられてこなかった。

　石井が行った調査のなかで、障害のある子どもを担任した保育者が経験したこととして「振り返りと気づき」、「障害への意識への変容」、「やりがい」といったポジティブな項目と並んで「負担感」、「保護者対応の不安」、「後悔と自己嫌悪」といったネガティブな項目があがってきている（石井, 2013）。特に「後悔と自己嫌悪」としてあがってきた記述のなかには「障害のある子どもを心から受け入れられなかった自分を恥じている」、「その子が欠席した時、心のどこかでホッとしている自分を見つけて強い自己嫌悪に襲われた」といった記述がある。こういった文面から、懸命に子どもたちを受け入れようとしながらそれが十分にできない自分を発見した時の深い傷つきが読み取れる。まじめで熱心な人ほど責任を重く感じストレスをため込みやすい傾向があるのは保育者に限らない。

2 ── バーンアウト

　バーンアウト（燃え尽き症候群）とは仕事上のストレスが継続的にかかり続けた結果、意欲を失い、常に憂鬱な気分から抜け出せなくなった状態であ

る。具体的な症状としては夜眠れない、朝起きられない、食欲が減退するあるいは過食傾向になる、仕事に行きたくないなどから始まり、遅刻や仕事上のミスが増え自信を失う、孤独感に陥るなどといった状態になり、ついには離職や自殺に至ることもある。どのような仕事でも困難や壁にぶつかることはあるが、特に看護師、教師、介護士等のヒューマンサービスを行う職業への従事者が陥りやすいことが知られている。ヒューマンサービス従事者がバーンアウトに陥りやすいのは「人の役に立つ仕事」として評価され「献身」を美徳とされる職業であることが関係していると言われる。

事例2：1人前になったと思ったのに…

　R先生はF幼稚園に勤めて5年目になる。昨年は初めて年長クラスの担任を任され、3月には新1年生になる子どもたちを送りだし幼稚園教諭としてようやく1人前になれたような気がした。後輩の新人も入って来て、これまでとは少しちがった気持ちで新学期を迎えていた。

　今年は年中のすみれ組28名の担任である。すみれ組は年少からの持ち上がり20名と年中から入園してきた8名からなるクラスである。年少の時に比べて1クラスの人数は増えているが、園生活に慣れている子どもが多いので問題なく新年度のスタートを切れるはずだった。ところが、入園式の翌日事件が起きた。

　年中から入園してきたCくんは登園するなりロッカーの上に登り歩き始めたかと思うと「ロッカーに乗っちゃいけないんだよ！」と注意したDくんの頭を思い切りひっぱたいた。Dくんは一瞬固まった後大声で泣き出し「先生、この子が、この子が、たたいた！」。Cくんは裸足で園庭に飛び出したかと思うと、門扉を開けて外に出ようとしている。それから夏休みに入るまでの4か月間はR先生にとって今まで経験したことのない大変な日々が続くことになる。

　Cくんが保育室から抜け出すのは当たり前の状態で、気をつけていないと園の外に飛び出すこともあるので、出入り口のカギは子どもには開けられな

いものに変えてもらった。ほかの子どもとのトラブルもしょっちゅう起こり、R先生は常にCくんの行動を気にしながらクラス全体に目を配らなければならない。すみれ組が落ち着かないため、主任が手伝いに来ることが多くなり、R先生は担任を1人前にできないことが情けなく、悔しい気持ちでいっぱいだった。

5月に入ると別の新入園児Eの保護者が「うちの子が幼稚園に行きたくないと言っている」と言ってきた。これまでもこの時期に「行きたくない」と言い出す園児は何人かいたはずだが、これを聞いたR先生は「私の目の届かないところでCくんが何かしたのではないだろうか？それとも私がCくんのことでいつもイライラしているから？」という考えが浮かんだ。

なんとか1学期を乗り切り、園長からは「Cくんも少しずつ落ち着いてきたじゃない。R先生、夏休みにはしっかりリフレッシュして新学期を迎えましょう」というねぎらいの言葉が伝えられた。

しかし、夏休みも終盤に入ったころから、R先生は新学期のことを考えてなかなか寝付けない状態が続くようになった。もうすぐ新学期が始まることを考えると何をしても憂鬱で楽しめない。食事をしてもおいしいと感じないし、常に体がだるい。リフレッシュどころかこんな状態ではとても幼稚園で新学期を迎えることは無理だという考えが頭から離れなくなっていた。

3── ストレスマネジメント

それでは，心身の健康を保ち、バーンアウト（図13-2）を起こさないためにはどのような方法があるのだろうか。バーンアウトの引き金はストレスの蓄積である。しかしどのように工夫をしてもストレスをすべてなくすことは不可能であるし、人は適度なストレスによってやる気を起こし、ストレスを乗り越えることによって成長するという側面ももっている。大切なのはストレスと上手につきあうこと（ストレスマネジメント）である。

以下は、事例2についてのストレスマネジメントの一例である。

①自分のストレスへの気づき

　なんだか私はすっかり自分に自信をなくしている。いつまでたっても1人前になれないような気がする。「子どもがかわいい」という気持ちがわかない。新学期が来てほしくない。こんなことは今までなかった。

②身体症状への気づき

　眠れないし、食欲もないのはストレスのせいかもしれない。眠れないと疲れがとれないし、気分転換に出かける気持ちにもなれない。余計にストレスがたまって、悪循環に陥っているような気がする。

③ストレスコーピング

　久しぶりに友だちとカラオケにでも行って発散してこようか。でも、もうすぐ新学期が始まることを考えるとそんな気分にはなれない。

　誰かに相談してみようか。「子どもがかわいく思えない」なんて言ったら、幼稚園の先生失格と思われないだろうか。でも、一応先輩に相談してみよう。たしか前にD先生も「子どもがかわいく思えないことがあった」って言ってたし。

　ストレスコーピングとは私たちがストレスに対してとる対処行動であり、大きく分けて「情動焦点コーピング」と、「問題焦点コーピング」の2種類がある。情動焦点コーピングは、ストレッサーそのものに働きかけるのではなく、それに対する考え方や感じ方を変えようとすることであり（気分転換、自分自身の考え方を変える）、問題焦点コーピングはストレッサーそのものに働きかけて、それ自体を変化させて解決を図ろうとすること（コンサルテーションの活用、支援の要請）である。ただし、R先生のようにバーンアウト寸前の状態を個人のストレスコーピングで抜け出すのは容易ではなく、周囲からのソーシャルサポートが重要な役割を果たす。

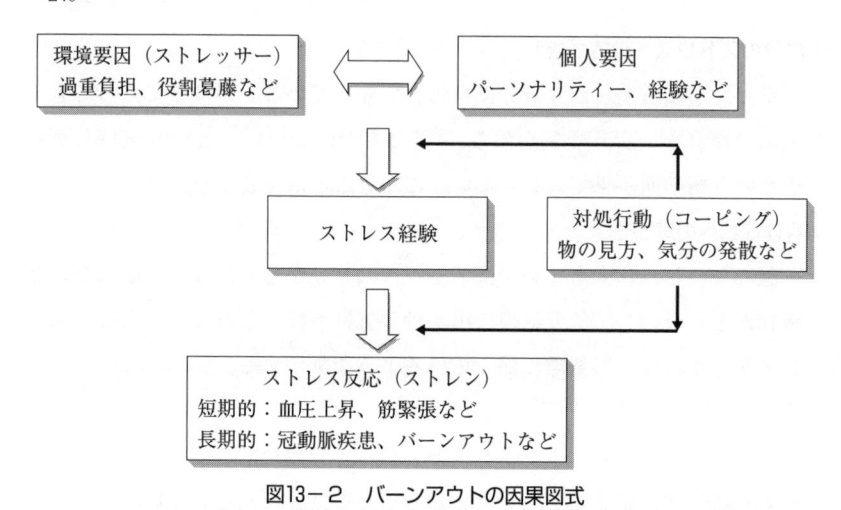

```
環境要因（ストレッサー）          個人要因
過重負担、役割葛藤など    ⇔    パーソナリティー、経験など
```

```
         ↓              ←
    ストレス経験      対処行動（コーピング）
                     物の見方、気分の発散など
         ↓              ←
   ストレス反応（ストレン）
   短期的：血圧上昇、筋緊張など
   長期的：冠動脈疾患、バーンアウトなど
```

図13-2　バーンアウトの因果図式

出典：久保真人「バーンアウト（燃え尽き症候群）」『日本労働研究雑誌』No.558　2007年　pp.57

4 ── ソーシャルサポート

ソーシャルサポートとは、「社会的関係のなかでやりとりされる支援」であり、ストレスコーピングに重要な役割を果たしている。ソーシャルサポートは大きく次の4つに分けられる。

①**情緒的サポート**：共感や愛情の提供
　仲間への相談や気晴らし、上司からのねぎらい等
②**道具的サポート**：形のある物やサービスの提供
　人的、物的サポートや、十分な休息時間、医療機関の受診機会の確保等
③**情報的サポート**：問題の解決に必要なアドバイスや情報の提供
　研修制度やコンサルテーション、ケースカンファレンス等
④**評価的サポート**：客観的、肯定的な評価の提供
　コンサルテーションやカンファレンスのなかでの評価、上司や先輩、保護者からの肯定的評価や感謝等

なかでも重要なのは職場での人間関係である。育児に不安をもつ母親と同様に、保育者も自分の感情について積極的に話す同僚に恵まれることが大切である。困った気持ちを分かち合い、自分だけが困っているのではないと思える仲間がいるということは何よりも安心感につながる。

　子どもの成長を通して親になっていく子育てと同様に、保育者もまた保護者や子どもたちからたくさんのものを学び、上司や先輩に支えられることで問題を乗り越え、成長を遂げていくのである。保育経験のなかで自分自身が保育者としての危機を経験し、困難を乗り越えることで専門性を高めてきた保育者は、幸か不幸かそういう経験を経ずに仕事を続けてきた保育者よりも、子育てに困難を抱える保護者により深い部分で共感できるに違いない。

【引用文献】

1）柏女霊峰「保育士資格の法定化と保育士の課題」『淑徳大学総合福祉学部研究紀要』第41号　2007年　pp.1-18
2）秋田喜代美「保育者のライフステージと危機」『発達』No.83（Vol.21）　ミネルヴァ書房　2000年　pp.48-52

【参考文献】

秋山智久『社会福祉専門職の研究』ミネルヴァ書房　2007年
田尾雅夫・久保真人『バーンアウトの理論と実際－心理学的アプローチ－』誠心書房　2000年
石井正子『障害がある子どものインクルージョンと保育システム』福村出版　2013年

索　引

あ行

愛着　155, 160, 168, 199
アイデンティティ　178
アクスラインの8つの基本原理　94
アスペルガー障害　190
アセスメント　59, 62, 122
遊びの発達の分類　163
アニミズム　26
アメリカ精神医学会　→　APA
アメリカ知的・発達障害学会　→　AAIDD
安全基地　162, 192, 200
一語文　15, 165
1.57ショック　227
遺伝説（成熟説）　17
イド　70
インクルーシブ教育システム　214
インクルージョン　227
陰性転移　79, 118
インフォームド・コンセント　59, 109
WISC-Ⅳ　129
WPPSI　129
ウェクスラー式知能検査　128, 129
AAIDD　184
HTP　132
AD/HD　194
APA　184
エス　70, 80
S-R理論　73
S-O-R理論　73
エディプス期　69
エディプス・コンプレックス　70
エビデンス　56
LD　196
遠城寺式乳幼児分析的発達検査法　128

エンゼルプラン　29
エンパワーメント　59
オペラント条件づけ　74, 84

か行

外言　170
外的治療構造　79
開発的援助　210
快楽原則　68
カウンセラー　98
カウンセラーの3条件　105
カウンセリング　98, 101
カウンセリングの主な技法　114
カウンセリングアプローチ　138
カウンセリングマインド　99
可逆性　170
学習障害　→　LD
学習理論　82
カタルシス効果　111
学校教育相談　210
学校教育法　229
感覚運動期　25
感覚過敏　193
環境閾値説　19
観察学習　74, 75
感情の反映　114
感情の明確化　114
感情労働　53
KIDS乳幼児発達スケール　127
気になる子ども　225
基本的信頼　25, 160
逆転移　80, 118
ギャング集団　171
教育職員免許法　229

教育センター　212
教育相談　210
教育臨床　208
強化　74, 84
共感　140
共感的理解　82, 106
叫喚発声　164
共同経験主義　86
共同注意　165
クーイング　164
具体的操作期　25
クライエント　98
クライエント中心療法　76, 80, 100
繰り返し　114
K-ABC心理・教育アセスメントバッテリー　129
経済的虐待　200
形式的操作期　25
傾聴　111, 138
系統的脱感作法　83
契約　109
ケースカンファレンス　235
ケースワーク　101
言語的コミュニケーション　164
現実原則　68
構音障害　167
効果の法則　71
合計特殊出生率　29
口唇期　22, 69
構造化　192
行動観察　132
行動実験　88
行動主義　73
行動療法　82
行動理論　71
肛門期　22, 69
コーピング・モデル　84
個人間差　17, 128

個人差　16
個人内差　17, 128
子育て支援　142
子育て支援センター　145, 219
古典的条件づけ　74
子ども虐待評価チェックリスト　201
子ども・子育て応援プラン　29
子ども・子育て支援法　30
子ども・子育てビジョン　30
個別教育支援計画　213
個別指導計画　189, 213
コンサルタント　235
コンサルティ　235
コンサルテーション　60, 235
コンピテンス　162

さ行

再接近期　64
3カラム法　87
参加モデリング　84
三項関係　165
シェイピング　84
自我　70
自我同一性　→　アイデンティティ
自己　76
自己一致　77, 81, 105
自己開示　140
自己概念　76
自己決定　115, 141
自己効力感　84, 162
自己主張　163
自己中心語　166
自己抑制　163
自己理解　53
自己理論　76
試行錯誤学習　72
支持　115

システムズアプローチ 138
次世代育成支援対策推進法 30
実証研究 56
質問紙法 131
児童家庭支援センター 216
児童期 169
児童虐待 198
自動思考 86
児童自立支援施設 218
児童相談所 148, 216
児童の虐待の防止等に関する法律 198
児童発達支援センター 149, 219
児童福祉法 229, 230
児童分析療法 93
児童養護施設 217
自閉症スペクトラム 189, 190
自閉症スペクトラムの3つの特徴 190
ジャーゴン 165
社会的学習理論 74, 84
社会的参照 160
社会的養護施設 217
周産期 156, 188
周辺人 179
主訴 125
樹木画検査（バウムテスト） 132
受容 106, 140
馴化 83
小1プロブレム 169
障害者虐待の防止、障害者の養護者に対する支援等に関する法律 200
生涯発達 14, 64
生涯発達心理学 154
条件刺激 72
条件反応 72
少子化 29, 227
少子化社会対策基本法 30
小舎夫婦制 218
情緒障害児短期治療施設（児童心理治療施設） 218
象徴的思考段階 25
承認 140
除外診断 123
初語 165
新エンゼルプラン 29
新行動主義 73
新生児 157
新生児期 157
身体的虐待 198
新版K式発達検査2001 127
人物画検査 132
心理アセスメント 122
心理検査 126
心理・社会的危機 25
心理社会的モラトリアム 179
心理的虐待 198
心理療法 67, 101
心理臨床学 56
推論の誤り 86
スキーマ 85
スクールカウンセラー 211
スクールカウンセリング 211
ストレスコーピング 239
ストレスマネジメント 238
スモールステップ 84, 189
性格形成論 69
性格検査 126, 131
性格構造論 70
性器期 22, 70
成熟優位説 18
精神年齢（MA） 129
精神分析的性格論 68
精神分析療法 78
精神分析理論 68
精神保健福祉センター 220
性的虐待 198
性的欲求 22

青年期　174
青年期後期　174, 178
青年期前期　174, 175
セカンドステップ　180
説明責任（アカンタビリティ）　56
全国保育士会倫理綱領　232
潜在期　70
前操作期　25
相互作用説　20
ソーシャルサポート　240
ソーシャルスキル・トレーニング　180
ソクラテス的質問　87

た行

ターゲット行動　133
退行　22
第一反抗期　162
胎児期　155
第二次性徴　174, 175
第二反抗期（心理的離乳）　175
多語文　16, 166
脱中心化　89
田中・ビネー式知能検査Ⅴ　128
段階的暴露　83
男根期　69
地域子育て支援拠点事業　145, 219
知的障害（ID）　184
知的障害の原因　187
知的障害の定義　185
知能検査　126, 128
知能指数（IQ）　129, 135
注意欠陥/多動性障害　→　AD/HD
超自我　71
直観的思考段階　26
治療・リハビリ的援助　210
沈黙　114
津守式乳幼児精神発達診断法　127

TS式幼児・児童性格診断検査　131
DN-CAS認知評価システム　130
DSM-5　186, 194, 196
抵抗　79
適応指導教室　212
適応的思考　88
転移　79, 118
投影描画法　132
投影法　131
道具の条件づけ　74
洞察　115
動的家族描画テスト　132
特別支援学級　213
特別支援学校　149, 213
特別支援教育　213
特別支援教育コーディネーター　214
特別支援教育支援員　214
閉じられた質問　115

な行

内言　170
内的治療構造　79
喃語　15, 164
二語文　15, 165
乳児院　218
認知行動療法　85
認知行動理論　75
認知再構成　87
認知の歪み　85
認知療法　85
ネグレクト　198

は行

暴露法　83
バーンアウト（燃え尽き症候群）　236
発達　14

発達の原理　15
発達の最近接領域　28
発達加速化現象　175
発達課題　20, 155
発達検査　127
発達指数（DQ）　127, 135
発達段階　20, 154
発達年齢（DA）　127
P-Fスタディ（絵画欲求不満テスト）　131
PVT-R絵画語い発達検査　130
非機能的思考記録表　87
非言語的コミュニケーション　164
非指示的カウンセリング　100
ビネー式知能検査　128
表象機能　25
開かれた質問　115
輻輳説　18
不正構音　166
フラッディング　83
プレイルーム　93
保育カウンセラー　204
保育カウンセリング　204
保育士　229
保育者のライフステージ　233
保育相談　204
保育相談支援　143
保育臨床相談　204
防衛機制　63
保健所　148, 220
保健センター　148, 220
母子生活支援施設　218
保存課題　26, 170

ま行

マインドフルネス認知療法　89
マザリーズ　164

マザリング　161
マスター・モデル　84
三つ山課題　27
無条件刺激　72
無条件反応　72
無条件の肯定的配慮　82, 106
モデリング　75, 84
模倣学習　74
問題行動の意味　60

や行

ヤーキス・ドットソン曲線　83
遊戯療法　93, 171
幼児期　158
陽性転移　79, 118
幼稚園教諭　229
要保護児童　149
要保護児童対策地域連絡協議会（子どもを守る地域ネットワーク）　149
要約　114
予防的援助　210

ら行

ライフサイクル　22
ラポール　104, 125
リビドー　22, 69
リファー　60, 65
臨床　50
臨床心理学　50, 55
臨床心理学的介入　59
臨床発達心理学　51
ルージュテスト　160
レスポンデント条件づけ　74, 82
連携　65, 148
ロールシャッハ・テスト　131
ロールプレイ　119

わ行

WAIS-Ⅲ 129
ワトソニズム（Watsonism） 18，73

マーラー（Mahler,M.） 64
ロジャーズ（Rogers,C.R.） 76，80，100
ワトソン（Watson,J.B.） 18，73

人名

アイゼンク（Eysenck,H.J.） 82
アクスライン（Axline,V.） 94
アンナ・フロイト（Freud,A.） 93
ヴィゴツキー（Vygotsky,L.S.） 28
ウォルピ（Wolpe,J.） 83
エインズワース（Ainsworth,M.D.S.） 161
エリクソン（Erikson,E.H.） 22，154，174，178
オールポート（Allport,G.W.） 71
カウフマン（Kaufman,A.S.） 130
カナー（kanner,L.） 189
クライン（Klein,M.） 93
ゲゼル（Gesell,A.） 17
ジェンセン（Jensen,A.R.） 19
シュルテン（Stern,W.） 18
スキナー（Skinner,B.F.） 73，84
ソーンダイク（Thorndike,E.L.） 71
ダーウィン（Darwin,C.） 154
トールマン（Tolman,E.C.） 73
パーテン（Parten,M.B.） 163
ハーロー（Harlow,H.F.） 161
ハヴィガースト（Havighurst,R.J.） 154
パブロフ（Pavlov,I.P.） 71，82
ハル（Hull,C.L.） 73
バルテス（Balltes,P.B.） 154
バンデューラ（Bandura,A.） 74，84
ピアジェ（Piaget,J.） 25，170，175
フロイト（Freud,S.） 22，68，78
ベック（Beck,A.T.） 85
ボウルビィ（Bowlby,J.） 160，199

●編者紹介

伊藤 健次（いとう けんじ）
最終学歴：筑波大学大学院博士課程心身障害学研究科中退
現　　在：名古屋経済大学大学院人間生活科学研究科教授
　　　　　名古屋経済大学人間生活科学部教授
主　　著：『入門臨床心理学』（共著）八千代出版
　　　　　『グッドイナフ人物画知能検査の臨床的利用』（共著）三京房
　　　　　『新・障害のある子どもの保育』（編著）みらい
　　　　　『発達心理学』（共著）聖公会出版
　　　　　『自閉症教育基本用語事典』（共編著）学苑社
翻　　訳：『認知行動療法事典』（共訳）日本評論社

子ども臨床とカウンセリング

2013年9月20日　初版第1刷発行

編　　者	伊藤　健次
発　行　者	竹鼻　均之
発　行　所	株式会社 みらい

〒500-8137　岐阜市東興町40　第5澤田ビル
TEL　058-247-1227（代）
FAX　058-247-1218
http://www.mirai-inc.jp/

印刷・製本　サンメッセ株式会社

ISBN978-4-86015-278-9　C3011
Printed in Japan　　　　　　　乱丁本・落丁本はお取替え致します。